スムットニー祐美

茶の湯とイエズス会宣教師

中世の異文化交流

思文閣出版

目次

凡例

一、引用文中のルビ・傍注は、特に断りのないかぎり、引用元の訳者・著者・編者によるものである。

茶の湯とイエズス会宣教師

――中世の異文化交流――

序論

一六世紀末、いわゆる戦国時代に、ヨーロッパから一五四九年（天文一八）のフランシスコ・ザビエル（Francisco de Xavier, S.J. 1506-1552）を最初として、イエズス会宣教師がキリスト教布教のために来日した。彼らは在日中、文化や人々の生活習慣などの情報収集と分析を行い、日本人にふさわしい宣教の糸口を模索していた。その一つが、日本人の間で盛んに嗜まれていた茶の湯であった。

本書は茶の湯とキリスト教との関わりについて、これまで具体的な形では示されてこなかった史料を提示し、文化史的見地から明らかにすることを目的とする。その史料とは、筆者が二〇一二年にローマイエズス会文書館（Archivum Romanum Societatis Iesu）より収集したイエズス会士の文書である。本書では本史料原文（ポルトガル語）を日本語に翻訳して示す(1)。

○適応主義に基づく宣教

一五七九年（天正七）、イエズス会東インド管区巡察師アレッサンドロ・ヴァリニャーノ

（Alessandro Valignano, S. J., 1539-1606）は、九州の口之津（現在の長崎県南島原市）に上陸した。来日の主な目的は日本の宣教事情を調査し、イエズス会総長に報告することと、すでに派遣されている会員への指導であった。(2) 巡察師はすでに視察当初において、日本の事情がこれまで自身が宣教活動を通して体験した文化や風習とはまったく異なっており、ヨーロッパから携えてきた宣教方法は、そのまま実践できないことを認識していた。(3) そこで異文化の中で宣教を展開する手段として、布教地の儀礼や習慣、言語などを採り入れた「適応主義」、ポルトガル語で〝accomodação〟、英語で〝accommodation〟と呼ばれる布教政策を採用し、日本社会にキリスト教を伝道するための工夫と調整を図ったのであった。

この適応について『カトリック大辞典』Ⅰには「アコンモダチオ（布教上の慣習適応）」という項目があり、「布教対象への布教主体の適応を指し、布教に当り布教地の民族精神及び生活形態に成る可く適応せんとする布教上の凡ての努力を包括する」と定義され、「その目的は新しき布教地に教会の根を張らしめることにある」とある。(4) さらに同辞典には、「アコンモダチオは唯だ外部的生活（衣食住）、土語（布教地に於けるラテン典礼語の問題もこれに属する）、民族芸術、美術（建築、絵画、彫刻、音楽）、社会及び法律観並びに教会生活形式に当つての其の考慮等にのみ及ぶ」とも定義され、これを適応の範囲とした。(5) 第二ヴァティカン公会議以降の現在では、適応とは「カトリック教会で、福音の本質を変えることなく、時代、場所、異なった文化のなかで、福音の表現を変え、そのより深い理解、受容を目指すことを意味する」と解説されている。(6) ヴァリニャーノは異教徒地域への宣教のため、結果的に現在の定義の適応主義という手法を採ったといえる。

この適応主義政策により、茶の湯はイエズス会の布教活動にとっては重要なものとなった。彼は茶の湯とはいかなるものか、日本人が茶の湯にどのような価値をもっているかなどという多岐に渡る調査を行い、最終的には茶の湯を同会の規則に盛り込んだ。これにより日本人との接点を見いだし、布教の礎を築いたのである。

○先行研究

イエズス会が上流階級層を中心として日本人と交流を図るために、巡察師ヴァリニャーノの指導によって茶の湯を宣教活動に採り入れたことは、これまでにも先行研究やイエズス会文書の邦訳によって示されてきた。倉澤行洋氏は『東洋と西洋――世界観・茶道観・藝術観――』の中で、ヴァリニャーノが一五八三年（天正一一）に作成した『日本イエズス会士礼法指針』を用いて、イエズス会が日本の風土や文化を採り入れ、そこに茶の湯が含まれていたことを示した。(7) 倉澤氏はこの宣教方針を、積極的順応主義と称している。泉澄一氏は『堺――中世自由都市――』の中で、ヴァリニャーノが一五八三年（天正一一）に作成した『日本巡察記』を扱い、教会内における茶事の必要性を認識していたと記述している。その理由について泉氏は、ヴァリニャーノが日本の習慣にしたがわないかぎり、日本人との交流関係を築くことができないと実感したためであると解説した[8]。

以上の研究者のほか、本書の目的と意図を踏まえれば、先行研究として敬意をもって岡田章雄氏『外国人の見た茶の湯』に収録されている「キリシタンと茶の湯」を取り扱う[9]。岡田氏は倉澤氏と同様、『日本イエズス会士礼法指針』を扱い、宣教活動を成功に導く手段として、当時の社交儀礼であった茶の湯を布教方針に採用していたことを明らかにした。以下、岡田氏の研究要旨を示す。
①これまで上流社会の間で嗜まれた茶の湯が、特に堺の豪商の莫大な富の力の上に築かれ、のちには一般の町人にまで普及したことを明らかにした。
②『日本イエズス会士礼法指針』一五四項目を挙げ、ヴァリニャーノの指示による教会堂や修道院内を建築する際の必要条件について論じた。その条件とは、座敷と茶室が隣接され、周囲には縁側が備え付けられるという日本人の習慣や風俗などを採り入れた設計である。
③『日本イエズス会士礼法指針』一五五項目を挙げ、ヴァリニャーノが権力者や領主たちが集まる都会に建設する施設に対し、特別に神経を注いでいると指摘した。岡田氏は、もてなしの道具を収納する戸棚、吸物や点心を調理する炉という具体的な設計を挙げ、ヴァリニャーノが「大身の客」を接待する条件として、茶の湯に加えて懐石料理も不可欠なものと認識していたことを示した。
④『日本イエズス会士礼法指針』一六九項目を挙げ、来訪者を清潔な茶室と座敷で接待するというヴァリニャーノの命令を再度示した。茶の湯は当時の社交儀礼であったため、イエズス会の中でも

これを採り入れるというヴァリニャーノの意図を明らかにした。

⑤『日本イエズス会士礼法指針』四五項目を挙げ、ヴァリニャーノが茶の湯を専門とする奉仕者を修道院に住まわせ、二、三種類の茶の備えや読み書きなどの茶の湯関連事項に専念させるという命令が下されていることを指摘した。

岡田氏が『日本イエズス会士礼法指針』から四項目を挙げ論じた部分は、本研究によればいずれも日本の習慣や風習に沿ったヴァリニャーノの「適応主義」に基づいた宣教方針に当たり、本書では第五章第二節「イエズス会修道院内の茶の湯によるもてなし」にて扱う。岡田氏の記述によれば、ヴァリニャーノの方針は『日本イエズス会士礼法指針』に示されているように「茶の湯について深く理解し（中略）住院《カザ》に客を招き（中略）住院《カザ》の内部に正式な茶室の設備さえ設けられていた」というものである。[10]

しかし岡田氏は、「住院《カザ》の建築に当って茶室を設けるべきだというようなヴァリニヤーニのこの提言が果してそのとおり実現したかどうかは明らかでない」とも記述している。[11] なぜならば、『日本イエズス会士礼法指針』は、同会が織田信長の支援を受け布教の最盛期に作成されたものであるため、本能寺の変以降の豊臣政権下におけるヴァリニャーノの宣教方針に関しては、想像の段階に留めたのである。

本書では岡田氏の先行研究に基づき、さらに以下、三点について論証する。一点目は、岡田氏が扱った『日本イエズス会士礼法指針』のほかに、ヴァリニャーノが一五九二年（天正二〇＝文禄元）に作成した「日本管区規則」に収録されている茶の湯関連の史料や日本イエズス会協議会議事録を提示して、彼の意図した修道院内の茶の湯や宴席は、日本の儀礼慣習にしたがい、身分に応じた接待であったことを論証する。特に本書では、ヴァリニャーノが修道院を訪れる人々に対し、茶の湯にてもてなすための態勢作りを整えていたことを明らかにしたい。このことにより、岡田氏が著書の中でヴァリニャーノの提言の実現性は不明である旨を指摘していることに対し、本書においては『日本イエズス会士礼法指針』が作成された一五八一年（天正九）以降の史料を挙げ、巡察師の提言は実現された可能性が大きいことを明らかにしたい。

二点目は、ヴァリニャーノやほかの宣教師が見定めた茶の湯の精神的側面についても、史料を挙げて明らかにしたい。ヴァリニャーノは茶の湯にはもてなしのほかに、修行という精神性を鍛える目的があることを認識し、これを同宿という奉公人に行わせていたと考えられる。「日本管区規則」の中には、茶の湯によるもてなしが、単なる接待ではなく、来客に心を尽くすという精神性をも示す掟が記されている。ゆえに、茶の湯関連規則を扱い、修道院内の茶の湯というものが、当時の茶人が嗜んだわび茶という精神性に重きを置くものに匹敵していた可能性を検討する。

三点目は、ヴァリニャーノが『日本イエズス会士礼法指針』の中で示している修道院や聖堂の設計と、当時の絵師によって描かれた南蛮屏風図にみられるイエズス会施設の構図とを照合して、建築についても適応主義に基づいた方針であったことを具体的に示す。

本書では、ヴァリニャーノが意図するイエズス会のもてなしを検証するにあたり、その実態を具体的に明らかにするのみならず、いかに彼が、茶の湯による接客を重視していたか、茶の湯に関する深い知識をもっていたことについても明らかにするものである。

○イエズス会文書の日本語への翻訳

松田毅一氏他は、ヴァリニャーノのスペイン語によるイエズス会総長への報告書「日本管区及びその統轄に属する諸事の要録」と同書「補遺」の二文書を『日本巡察記』と題して日本語に訳し、当時の茶の湯事情を明らかにした。松田氏らの功績により、ヴァリニャーノが茶の湯を重視していたことや同宿と称する日本人奉仕者を修道院に駐在させ、茶の湯の世話をさせていたことがわかった(12)。さらに、彼が大友宗麟や堺の豪商日比屋了珪所持の茶道具について、それらの価値を理解できないという記述は、先ほどの泉澄一氏をはじめ、角山榮氏などの研究者によって言及されている(13)。

また松田毅一氏は川崎桃太氏と共に、イエズス会宣教師ルイス・フロイス（Luís Fróis, S. J., 1532–1597）の『日本史』をポルトガル語から日本語へ翻訳した。その中には一五六五年（永禄八）のルイス・アルメイダ（Luís de Almeida, S. J., 1525–1583）による、日比屋了珪主催の茶会体験報告(14)や、一五六九年（永禄一二）のフロイスによる、京都に住む茶人ソウイ・アンタンの茶室でミサを捧げたという報告がある。[15] 両氏の貴重な翻訳を通し、二人の宣教師が茶の湯の清浄さを認識していたことが明らかとなった。

矢沢利彦氏他は、ヴァリニャーノが作成した『日本の習俗と気質についての注意と助言』(*Advertimentos e avisos acerca dos costumes e catangues de Jappão*) のヨゼフ・ランツ・シュッテ師によるイタリア語訳を (*Il Cerimoniale per i Missionari del Giappone*)『日本イエズス会士礼法指針』と題して、日本語訳にて発行した。[16] その結果、先の岡田章雄氏の研究が示したように、ヴァリニャーノが宣教方針の中に茶の湯を盛り込んでいたことの詳細が明らかとなった。

茶の湯研究に貢献した邦訳といえば、土井忠生氏他によるジョアン・ロドリゲス通辞[17] (João Rodrigues Tçuzu, S. J., 1561-?) の記した『日本教会史』のポルトガル語から日本語への翻訳がある。その中には茶の湯諸事情に加え、茶室や露地、宇治の茶業など、ロドリゲスによる膨大な情報が収められている。土井氏らの功績により、当時の茶の湯文化の様相が明らかとなった。

以上のごとき茶の湯研究の状況において、筆者は一五六〇年 (永禄三) 以降にイエズス会宣教師が堺を訪れ、経済的成長を遂げ活気にあふれた都市の様子を目撃し、さらには最盛期を迎えた茶の湯文化に遭遇したという歴史的事実に注目した。彼らが布教を目的に来日して日本について調査する中で、特に注目を引いたものの一つが、当時武士階級や堺の都市、京の都などに住む町人を中心として盛んに行われていた茶の湯であった。ルイス・アルメイダは報告書の中で、最盛期を迎えた堺の都市で繰り広げられた茶の湯文化に驚嘆した様子を書き残している。[18] さらに、ジョアン・ロドリゲス通辞は繁栄した堺の都市の様相と共に、茶の湯文化や精神性についての情報収集と分析を行ったのである。[19]

日本イエズス会は適応主義にしたがい、当時日本で流行した茶の湯を宣教方針の中に採用していた以下の実態を論証する。すなわち、ルイス・アルメイダ、ルイス・フロイス、ジョアン・ロドリゲス通辞、そしてアレッサンドロ・ヴァリニャーノという段階を経て、イエズス会は日本人が儀礼慣習として重んじていた茶の湯を、修道院内にも採り入れて来客をもてなしていた。

第一章　異教徒の地への適応主義に基づいた宣教方針

第一節　イエズス会創立の経緯

イエズス会は、創立者イグナティウス・デ・ロヨラ（Ignatio de Loyola, S.J. 1491–1556：在位1541–1556）と、「人々の魂を助ける」使命感を持つ同志によって創立された男子修道会である。同会の宣教師は一五四〇年の創立以来、世界中の異教徒の地へと赴き、現地の文化や習慣を積極的に採り入れるという、画期的な布教を実施した。(1) 以下、イエズス会創立前後の経緯について収録されている『イエズス会会憲――付会憲補足規定――』を引き、同会の宣教目的を明らかにする。

一五四〇年九月二七日、教皇パウルス三世（Paulus III, 1468–1549：在位1534–1549）の公開勅許『レギミニ・ミリタンティス・エクレシエ』（*Regimini militantis Ecclesiae*）が発布され、イエズス会は教会法に基づくカトリック教会に連なる修道会として創立された。(2) 以下は、『イエズス会会憲――付会憲補足規定――』に収録されている教皇パウルス三世が認可した『基本精神綱要』フォルムラ・インスティトゥティ（*Formula Instituti*）から抜粋したものである。

イエスの名で呼ばれるように望むわが会において、十字架の旗のもとで神に服する兵役につき、また、主のみと地上における神の代理であるローマ教皇のもとで仕えようと望むいかなる者も、生涯の貞潔の盛式誓願をたてた後、今から述べる本会の一員であることを心に留めなければならない。(3)

修道士は貞潔の誓願を立てるが、イエズス会ではこれに加えローマ教皇への従順が課せられている。彼らの誓いからは、教皇が布教を命じるならば世界のいかなる場所へも行くという、布教に対する徹底した忠誠心がみられる。

ウィリアム・V・バンガート師（William V. Bangert. S. J.）は『基本精神綱要』の要点の一つに、「カトリックの教義およびカトリック的生活における人々の魂の進歩の世話を旨とする使徒的精神、教皇の命令により世界中どこへでも行くという特別な誓願に表明される聖座への忠誠」を挙げている。(4) 加えて、同師は「ごく早くからこの修道会の会員はイエスの聖名に特に結びついている者という意味で、イエズス会士という名称で知られるようになった」とも記している。(5)『基本精神綱要』の中に「十字架の旗のもとで神に服する兵役につき」と示されているように、イエズス会士は神の軍団であるイエズス会の一兵士として、世界のあらゆる地域への兵役につく。これがイエズス会の特徴である。

ロヨラはイエズス会会員全票一致でイエズス会第一代総長に選出され、(6) 一五四一年四月二二日にはサン・パウロ・フオリ・レ・ムーラ大聖堂に赴き荘厳誓願を宣立した。[7] 一五五〇年七月二一日には、教皇ユリウス三世（Julius III, 1487–1555：在位1550–1555）の公開勅書『エクスポスキット・デビトゥム』（*Exposcit debitum*）が発布され、この中でイエズス会の設立が正式に追認された。以下は、ユリウス三世によって承認された『基本精神綱要』の一部である。

イエスの名で呼ばれるように望むわが会において、十字架の旗のもとで神に服する兵役につき、また、地上におけるキリストの代理であるローマ教皇のもとで、主のみとその花嫁である教会に仕えようと望むいかなる者も、生涯の貞潔、清貧、従順の盛式誓願をたてた後、今から述べる本会の一員となることを心に留めなければならない。[8]

さらに『基本精神綱要』の中に、清貧と従順という盛式誓願が加えられた。ここでもイエズス会士を「兵役につき」とたとえ、継続して異教徒の地への伝道を重視したイエズス会の姿勢がうかがえる。

イエズス会の核となる『聖イグナティウスのイエズス会会憲』の「エクサメン・ジェネラレ」（一般的試問事項）、第一章「イエズス会の基本精神および会員の種類」には、宣教師のあるべき教皇への従順と世界宣教への姿勢が明記されている。

本会の盛式誓願会員は、前述の三誓願以外に、わが主キリストの代理である現教皇および将来の教皇に対して、特別な誓願をたてる。それは、神への礼拝とキリスト教のため、キリスト者の国であれ異教徒の国であれ、言い訳もせず、旅費も求めず、教皇聖下が派遣するいかなる場所にで

も赴くという誓願である。(9)

「前述の三誓願」とは、貞潔、清貧、従順を示す。これらに加えてイエズス会の使命はローマ教皇に忠誠を誓い、特に神の福音を異教徒の地に伝えることである。

今野國雄氏は創始者ロヨラが掲げる世界宣教について、「ロヨラは馬に跨る騎士のように世界を駆け巡って、衰えかけた修道理念の再生のために勇敢に戦った点で、修道制という枠内では一見正反対の方向を目指しているように見えるが、より広い視野から見れば、（中略）キリスト教倫理の転生を求めて戦った」と述べている。(10) イエズス会の宣教は、宗教革命への反動という意味もあってヨーロッパに留まることなく、世界中へと展開するものであった。したがって宣教師が派遣先で直面した第一の問題といえば、カトリックの伝統に基づいたヨーロッパの生活倫理や思想などが、それ以外の布教地の人々の生活習慣とまったくかけ離れていたことであった。

ローマのイエズス会本部は、一五五九年編集『イエズス会会憲』（*Constitutiones Societatis Jesu*）初版の序文の中で、キリストにおける親愛なるイエズス会の兄弟たち宛に、派遣先の文化や習慣を採用することで友好的な布教の可能性を検討した。

師父は世界のそれぞれの土地にはそれぞれの習慣があり、すべてがどこででも通用するものではないということを理解していた。本会自体がどこにおいても、独自のイメージと特色を持ちながら、その会憲が各管区に長く受け入れられるものとなるためには、可能なかぎり、会憲はすべての管区の習慣に適合するものでなければならないことを知っていた。（中略）師父は会憲がそれぞれの土地の慣行と摩擦を起こす危機を避け、まず、会憲が理性によって良いと判断したものを、各管区が実践において受け入れるかどうかを確かめたいと思ったのである。[11]

各布教地にはその土地独自の生活習慣が根付いているため、イエズス会本部作成の会憲が現地には不適当な方針となる場合があることを、イエズス会総長は理解した。イエズス会本部では、ヴァリニャーノの来日二〇年前に、派遣先の宣教師が現住民と文化や習慣の違いから生じる摩擦を避け、現地の風習に即した独自な宣教方法を模索した。これがいわゆる適応主義による宣教理念である。

ヴァリニャーノが日本滞在中に用いた適応主義に基づく布教方針は、すでに日本以外の異教徒の地へ派遣された宣教師によって実行されていた。彼らの報告書には現地の文化や習慣、言語などを理解し、さらにはそれらを採用した過程が示されている。つまり、彼らの宣教は「適応主義」に則しており、ヴァリニャーノは一五七九年（天正七）の来日以降、この方法をもって宣教を実施したのである。

第二節　エンリケスの宣教方法

本節では、ヴァリニャーノ以前に東洋において適応主義が実践された例として、エンリケ・エンリケス[12]（Anrrique Anrriquez, S.J. 1520-1602）が用いた宣教手段を扱う。

エンリケスは一五四五年一〇月、イエズス会に入会し、一五四六年四月にはインドにおいて布教活動に奮闘していたフランシスコ・ザビエルの要請で現地へ派遣された。彼は同年七月にインドのゴアに到着し、その後ザビエルの指示により漁夫海岸へ赴き、五三年間という長期間をかけてキリスト教の布教に尽くした。当地はインド半島最南端のコモリン岬からラメシュワラムまでの東海岸に位置し、パラヴァス（Paravas）という真珠貝採集を生業とする原住民が住んでいた。(13)

エンリケスが漁夫海岸に派遣されることになった背景には、パラヴァスとポルトガル国家の間で交わされた次なる政治的取引きがある。パラヴァスの住民は、回教徒商人の支配下で真珠取引を営んでいたが、彼らから逃れるためポルトガルの支配に属し軍事力による保護を受けた。その代償として、彼らの中から約二万人が洗礼を受けキリスト教に改宗した。いわゆる一五三六年のパラヴァス大改宗である。(14)

大改宗の知らせを受けたポルトガル国王ジョアン三世（João III, 1552-1557：在位1521-1557）は、ローマ教皇パウルス三世に新しく創立したイエズス会をインド布教に当たらせ、一層の異教徒のキリスト教への改宗を図るよう助言した。(15)このことがザビエルのインド派遣へとつながり、さらにはイエズス会の日本布教、すなわち一五四九年（天文一八）のザビエル来日にはじまるキリスト教伝播に至ったのである。ザビエルは一五四一年四月リスボンを出発して、一五四二年五月にはインドのゴアに到着、一〇月にはパラヴァスへの布教を開始した。ところが彼の目撃したパラヴァスの信者といえば、自分たちがキリスト教徒であること以外は、キリスト教について何も理解しておらず、改宗前のヒンズー教に基づいた生活を続けていた[16]。その原因は八年前のパラヴァス大改宗の経緯が、ポルトガルとパラヴァスとの政治的交渉によるものであったため、パラヴァスの信者はキリスト教徒としてあるべき姿を自覚していなかったことによる。また、派遣された宣教師は現地の言語を理解できず、教理教育がほとんど行われないまま原住民に洗礼を授けたことも、ザビエルが目撃したパラヴァスの状況の一つに挙げられる。加えて、宣教師は回心した信者の信仰を育てることはなく、すでに村から去っていた。このようなパラヴァスの状態を見たザビエルは、イエズス会本部に対しインドへの人材派遣を要請し、この任務に抜擢された六人のうちの一人がエンリケスであった[17]。

エンリケスは、アジアの言葉を習得した最初のイエズス会士である。彼はタミル語というインド南部やスリランカに住むタミル人の言葉を習得し、原住民の生活に適した布教手段を実践した。岸野久氏はエンリケスがタミル語を学習した理由について、「日常生活の不便さ解消と、ザビエルの勧めによる原住民とのコミュニケーション手段の取得」と述べている[18]。エンリケスの布教方針は集団改宗ではなく、個人に対しタミル語で説教するというものであった。ザビエルはエンリケスが採り入れた現地語による布教方針を、書簡の中で高く評価している。

史料1：一五四九年一月一二日付、コーチン発、ローマのイグナチオ・デ・ロヨラ神父宛

イエズス会員エンリケ・エンリケス神父は、高徳の人で、人びとによい模範を示しています。彼はマラバル地方［タミール語――訳者注］を話し書くことができますので、二人分以上の働きを

していています。言語を知っているために、その地の信者から驚くほど愛されています。彼らの言葉で説教したり、話し合ったりしますので、信者は彼をたいへん信頼しています。[19]

ザビエルはエンリケスの布教方針を通して、宣教師が現地語を習得することが、原住民と友好関係を築くためにいかに重要なことであるかを総長ロヨラに伝えたかった。エンリケスは将来現地に派遣されるヨーロッパ人宣教師が、効率よくタミル語を習得できるように「タミル語文法」や「タミル語辞典」を作成した。[20]

巡察師ヴァリニャーノは、一五七五年に漁夫海岸を視察した際、当地はインドの中で最高のキリスト教徒社会であると評価している。[21] これはいうまでもなく、エンリケスがタミル語を習得したことで、現地人と友好関係に基づいた布教を実施した成果である。

岸野久氏はエンリケスの布教方針が、のちの宣教師たちに大きな影響を与えるものであったことを、以下のように述べている。

インド布教の将来に悲観的であったザビエルはエンリケスの布教方法に将来のあるべき姿を見いだしたのではなかろうか。即ち、外国人宣教師がまず現地の言葉を習得し、その言葉をもとに土地の社会、宗教を理解し、互いに信頼関係を築き、現地人の能力を評価した上で、個々の人々との対話を通し、時間をかけて信者を作ってゆく、というものである。エンリケスが実践し成果をあげていた布教方法はいわゆるアコモダチオ（現地文化適応方針）のはしりともいうべきものである。従来の研究では日本でのザビエルがその先駆者とされているが、エンリケスの働きが十分評価されていないように思う。[22]

しかし、エンリケスは派遣当初からタミル語の学習に専念していたわけではなかった。彼は当初、タミル語の学習が困難であることや良い通訳が与えられたという理由により、実際には語学習得には励んでいなかった。

ところがある時、エンリケスは通訳を失いこれまでのように現地人とコミュニケーションをとることが不可能となった。[23] これが彼をタミル語の習得へと導いたきっかけである。タミル語を理解できるようになったエンリケスは、現地人の生活習慣を学び、最終的には彼らとの信頼関係を築き上げた。このような原住民に対する伝道姿勢はイエズス会の特徴であり、世界宣教を掲げる上で不可欠であった。つまり現地語を習得することは、当地に適応した宣教の第一歩につながったのである。ザビエルやヴァリニャーノをはじめとする多くの宣教師たちは、日本に赴く途中、インド漁夫海岸に立ち寄っている。[24] そこで彼らは、エンリケスが布教に採り入れた現地人の習慣を学び、現地の生活に最も適した宣教であることの重要性を認識した。

日本についても同様の方針が採られたことの証左に、ザビエルと日本イエズス会二代布教長コスメ・デ・トルレス（Cosme de Torres, S. J. 1510–1570）が日本の食生活を採り入れていたという実例を挙げる。第一例目は、ザビエルが来日二ヶ月前の一五四九年六月二二日に記述した書簡である。

史料2：「書簡第八五」ヨーロッパのイエズス会員に宛てて、一五四九年六月二二日、マラッカより

もしも私たちが肉や魚を食べるのを見れば、日本人僧侶にはつまずきとなるだろうとのことです。私たちは誰にもつまずきを与えないように、絶対に肉食をしない覚悟で渡航します。(25)

ザビエルは日本上陸を間近にして、ヨーロッパの生活習慣の一つである肉食を棄てると書簡に明記し、日本人の習慣に順応することの大切さと日本宣教への心構えを示した。

第二例目は、トルレスが日本人に宣教するための準備として、彼らの食生活を採り入れたことである。彼はザビエルが日本を去った以降も当地に七年間滞在し、日本人と同じような生活を送った。トルレスは住民に対し生活習慣から生じる摩擦を避けるため、日本風に調理された米と塩魚、野菜を食した。彼は日本人と同様に粗食で、魚介肉類を食べず、野菜、根菜、海草の類などを素材とした食事を摂ったのである。トルレスに関して、メストレ・ベルショール（Melchior Nunes Barreto, S. J. 1520–1571）は、以下の記述を書簡の中に残している。

史料3：一五五八年一月一〇日付、メストレ・ベルショール師が日本から（戻って）来た後、インドのコチンよりポルトガルのイエズス会の修道士らにしたためた書簡

彼は七年間山口に滞在したが、同所にいる間は終始、とりわけ山口の住民のように、いっそう洗練された人々がいる所では、いかなる類の肉も食べなかった。というのも、日本人は肉食を大罪

と考えるからであり、顰蹙《ひんしゅく》を買わないようにするためである。(26)（ルビは引用者による）
トルレスに関する報告もザビエルと同様、肉食を断つというものである。山口は内陸に位置しており鮮魚を摂ることはできず、彼は日本風に調理された僅かな米や、塩魚、あるいは野菜のみを食べていた。(27)このようにトルレスも、生活習慣によって現地の人々との間で生じる摩擦を避けて友好関係の確立に努めたのであった。

ザビエルが来日した一五四九年（天文一八）頃の日本イエズス会はインド管区に属しており、人材及び物資は当地に一体化されていた。この管区が統轄する地域とは、ゴアを拠点として、マラッカ、モルッカ諸島、日本などの地域を示す。(28)さらにインドは、ヨーロッパから宣教師たちを乗せたポルトガル船が東洋へ向けて就航する際に、必ず立ち寄る土地であった。このことから岸野久氏は、インド布教体験を終え日本へ派遣された宣教師たちは、インドで異教徒に対応した経験から、日本においてもふさわしい宣教のあり方を導き出した可能性があると述べている。(29)

日本へ派遣される多くの宣教師たちはインドに立ち寄り、エンリケスが築き上げた原住民の生活に適応した布教のあり方を目撃している、または聞かされている。この経験を踏まえて、ザビエルやトルレスをはじめとする後述で挙げるルイス・アルメイダ、ルイス・フロイス、ジョアン・ロドリゲス通辞、そしてアレッサンドロ・ヴァリニャーノは、日本の文化や習慣を組み入れる適応主義に基づく宣教方針を理解し、実行した。特にヴァリニャーノは、エンリケスの宣教姿勢を目撃し、いかに原住民の生活に適した布教が重要であるかということを見極めている。だからこそ、ヴァリニャーノは日本の慣習がこれまで体験したものとまったく異なっていたにも関わらず、日本人の生活習慣を素早く宣教方針に盛り込むことができたのであった。

第二章　ルイス・アルメイダの茶会体験報告

第一節　アルメイダが堺の都市を訪れるまでの経緯

○生い立ち

ルイス・アルメイダは、ポルトガルの首都リスボン出身である。年譜によれば彼は一五四六年に、ポルトガル王室秘書局より外科医の免許状を取得した。その後一五四八年にリスボンを出発し、インドのゴアにおいて東洋貿易を営んだという。彼は商人として、一五五二年（天文二一）には種子島に到着し、鹿児島経由で平戸に赴いた。続いて山口を訪れ、ザビエルが日本を去った以降も当地に留まり宣教活動を続けていた日本イエズス会二代布教長コメス・デ・トルレスに会い(1)、告解と聖体の秘蹟を受けた。

アルメイダは一五五五年（天文二四＝弘治元）に、府内で布教活動を行っているバスタザール・ガーゴ（Balthasar Gago, S.J. 1515-1583）の下で「心霊修行」の指導を受け、以降は教会への奉仕を誓い乳児院建設のために財産を寄付した。(2) 一五五六年（弘治二）からは、豊後の国主大友義鎮がイエズス会に与えた地所に建設された病院で働く。この年、アルメイダはトルレスのもと、イエズス会修道士として正式入会して、最終的には一五八〇年マカオにおいて司祭叙階を授った。アルメイダの働きについて、一五五七年（弘治三）一〇月二八日付のガスパル・ヴィレラ（Gaspar Vilela. S. J. 1525-1572）の平戸よりの書簡には、「多数の人治療を受けんために来りしが、才能あり、己の精神上の幸福を希望せるため当地において会員となりたる一イルマン［ルイス・ダルメイダ(3)――訳者注］これを担任せり。この人は現世の物を多く棄てて主に仕ふることとなりたり」という報告がある。(4)

一五五七年（弘治三）、アルメイダは外来患者の治療を開始し、その後みずからが外科の手術を行った。病院の運営は次第に充実し、アルメイダは内科に養甫軒 Yoofoqun（1508-1595）、洗礼名パウロ（Paulo）と称する医師を置いた。彼は密教の修行者で、悟りを開くために修行に励んだが、何も得られず身体をこわす結果に終わった。その後、パウロは京都へ赴き、朱子医学や漢方の古方を学び、さらに山口にいた琵琶法師ロレンソを通して南蛮医療について聞かされた。パウロは府内の病院で外科医として活躍するアルメイダに会い、彼のもとで内科医に採用された。(5)

パウロの生い立ちについて『イエズス会士日本通信』には、「山口に在りし時都より日本人一人来り、パードレ彼をキリシタンとなしてパウロと命名せり。この人は坊主および偶像のもとに養成せられしが、住院の生活を好み、当豊後に来りてパードレとともに居り、苦行を喜び、常に欲を制したり」とある。(6)彼の働きは、徳高き学識者で偉大な医者として名声があり、薬草や薬草から作った薬を携えて内陸まで治療に赴くというものであった。同日本通信の別の箇所には、「この人奥地に赴き薬草および薬草より作りたる薬を用ひて治療せり」と記されている。(7)一五八〇年（天正八）にはイエズス会に入会し、のちに修道士となった。(8)

アルメイダは医療活動のほかにも、領主からの寄付や府内周辺の各聖堂に「慈悲の箱」と称する募金箱を設置し、病院の経営に務めた。さらに、一二人からなるミゼリコルディアの組（慈愛の組）を創立し、彼らに病院の清掃や看護などの奉仕活動を担わせた。なお、この病院は一五八七年（天正一五）薩摩軍によって破壊されるまで継続された。(9)

一五六一年（永禄四）、アルメイダは病院を去った。その理由について、東野利夫氏は一五五八年にイエズス会本部で行われた最高宗門会議において、聖職者の地位にあるものは人間の生命に直接関わる職についてはならないという医療禁令が発布されたためと解説している。(10)この知らせは一五六一年（永禄四）、府内に入港したマヌエル・メンドーサの船便によって、日本布教長トルレスのもとに届けられた。この決議にしたがい、イエズス会士は府内病院を日本人に任せ、医療事業から手を引いた。(11)アルメイダは病院事業に代わり、イエズス会の会計係と布教長トルレスの代理として九州各地の領主との交渉を担った。一五五七年（弘治三）一〇月二九日付のガスパル・ヴィレラの平戸よりの書簡には、トルレスはすでに老齢であり、重大な任務を遂行するためには誰かの助けが必要であったことが記されている。[12]

アルメイダが伝道旅行を通して訪ねた主な地域は、以下の通りである。[13]まず一五六一年（永禄四）、彼は府内を出発し、博多において七〇人、平戸では五〇人に洗礼を授けた。翌一五六二年（永禄五）、鹿児島で二〇〇人、市来城では七〇人に洗礼を授けた。その後、横瀬浦開港の件でポルトガル人と共に大村に赴き、続いて府内へ豊後の領主大友義鎮を表敬訪問した。一五六三年（永禄六）には、大村領主の大村純忠と島原領主の有馬義貞に会見を果たす。同年横瀬浦（現在の長崎県西海市）に入港したポルトガル船で来日したルイス・フロイスに会い、一五六四年（永禄七）暮れには彼に伴い、京都で布教活動を行っているヴィレラのもとへ向かった。

○日比屋了珪とイエズス会との出会い

一五六五年（永禄八）一月、アルメイダはフロイスに付き添い、船を乗り継ぎながら四〇日を費やして堺に到着した。当地は京都が日本の都として京の都と称されるように、堺は都市と呼ばれる経済的に発展した地域であった。ヴィレラは一五六四年七月一三（一五）日付の書簡の中に「堺と称する大きく、かつ裕福な市」と書き残している。[14]

堺の港は遠浅であったため、当地の豪商日比屋了珪[15]はフロイス一行が港に上陸できるように、彼らの船へ大きな一隻のボートを差し遣わした。『堺市史』には堺の港が「遠浅の海岸である」と示されている。[16] 永禄年間までの堺の港に関しては、戎島の北側に位置し、海岸には小さな架け橋が設けられ、小舟の発着の便宜が計られていた。[17] 了珪はフロイス一行を邸にて歓迎し、邸内の母屋から離れた客用の住居を提供した。

日比屋家とイエズス会の交流関係は、一五五一年（天文二〇）フランシスコ・ザビエルがフェルナンデス修道士と日本人信徒ベルナルドを伴い京都を目指す途中、堺を訪れた時にまでさかのぼる。松田毅一氏によれば、ザビエル一行は日比屋家宛の紹介状を携え堺に着き、港の前に位置する櫛屋町の日比屋邸を訪ねた。ところが当主クド（Cundo）[18] は異国人の来訪を拒んだため、一行は住吉神社の松林で人々から嘲弄されて過ごした。しかし他方で彼は、ザビエルに京都の知人宛の紹介状と武士を遣わして上洛できるよう便宜を計った。彼の息子了珪はザビエルに秘かな同情を寄せており、さらに京の都に住むキリシタン宗門の動静を注目していた。[19]

了珪は家督を継ぐと、堺の都市を訪れるイエズス会士を支援した。一五六一年（永禄四）、彼は豊後にいる布教長のトルレスに進物と書状を送り、キリスト教の教えを聞きたいので宣教師を堺に派遣してくれるよう要望した。トルレスはこれに応じて、同年（永禄四）八月、京の都で宣教活動を実施しているヴィレラを堺の都市に赴かせた。[20] 了珪はヴィレラが日比屋家を訪問すると大いに歓迎し、彼と彼の家族はキリスト教の説教を耳にした。同年には、まず了珪の子供たち四人と親族がキリシタンとなった。[21] 子供たちはそれぞれヴィセンテ（一五五〇—?）、モニカ（一五四九—一五七七）、サビナ、アガタという洗礼名が与えられた。一五六四年（永禄七）には了珪も洗礼を受け、ディオゴと称した[22]。

以上、アルメイダが堺の都市を訪問するまでの経緯である。

第二節　アルメイダが認識した茶の湯

この節では、アルメイダがしたためた一五六五年一〇月二五日付、福田発信イエズス会の修道士宛への書簡に収録されている茶の湯に関する報告[23]を扱う。彼は西洋人として最初に茶の湯を目撃した人物であり、茶の湯の所作や茶室の環境などについてどのように捉えていたかを検討する。フロイスはこの記録を『日本史』に収録した。彼は同書の中で「ルイス・デ・アルメイダ修道士が堺にいた時に、彼の身辺に生じたことをよりよく理解するためには、彼自身が一書簡中で記していることを、本書と次章で引用するのが有益であろう」と記している[24]。

○アルメイダによる日本人の喫茶報告

アルメイダは堺に到着したが長旅の疲れから病気になり、しばらく日比屋了珪の家で静養することになった。フロイスは修道士を堺に残し、翌日には約四年間にわたり京の都で伝道活動を続けているヴィレラのもとに向かった[25]。その後、アルメイダは了珪の手厚い介護により健康を取り戻し、ヴィレラが待つ河内国の飯盛に赴く決意を了珪に伝えた。これに対して了珪は、彼を送別の茶会に招待し、その際に所持の財宝を披露する約束をした。このことについてアルメイダは「身分ある富裕な日本人のもとでは、大いに好意を示そうとする来客がある場合には、別離に際して、親愛の証しとして自ら所蔵する財宝を見せる習慣があるのです」と記している。[26] アルメイダは了珪の財宝がどのような品であったのかを、以下のように解説した。

史料4：『日本史』

それらは、彼らがある粉末にした草を飲むために用いるすべての茶碗《ヴアジリヤ》とそれに必要とする道具です。それは茶《チャ》と呼ばれ飲み慣れた人には味がよいばかりでなく、健康増進にも役立ちます。[27]

フーベルト・チースリク師（Hubert Cieslik S. J.）によれば、この書簡はヨーロッパ人に対し茶について紹介した最初の記事であり、この手紙をもって茶の湯が初めてヨーロッパに紹介されたとする。[28] マイケル・クーパー氏（Michael Cooper）は、*The Early Europeans and Tea, Tea in Japan* の中で、アルメイダの報告に対するフィリップ二世（Philippe II, 1165–1223：在位1180–1223）やヨーロッパにいるヨーロッパ人の反応について記述している。

ヨーロッパ人の中で、一年を通して白湯または茶を飲むという日本の習慣に驚いたのは、フィリップ二世ただ一人ではない。この習慣が一五六五年という早い時期に、イエズス会年報作者であるルイス・フロイスが京都で作成した書簡にも明白に記されていた。熱い茶、コーヒー、そしてココアなどアルコールを含まない飲料は、まだヨーロッパの一般人には知られておらず、せいぜい異国の飲料と捉えられている程度であった。したがって、日本に滞在するイエズス会の年報作者とヨーロッパの読者が、日本人の茶を喫する傾向に興味を持ったことに対し、さほど驚くことはなかったのである(29)。

クーパー氏が示すルイス・フロイスによる一五六五年（永禄八）の記述とは、いうまでもなく本節で扱っているルイス・アルメイダの茶の湯体験である。ヨーロッパ人は彼らの報告によって、日本の茶に関心を抱いたのであった。

さらに同氏は、ザビエルが日本上陸を遂げる三年前の一五四六年（天文一五）、鹿児島に数ヶ月滞在した商人のジョージ・アルヴァレス（Jorge Alvaares）が、茶をハーブと呼び、ヨーロッパに伝えていることについても紹介している。

彼らは冬に香草を混ぜた水を喫するが、それが何であるか私にはわからなかった。日本人は夏も冬も冷たい水を喫することはない(30)。

この時点において、アルヴァレスはハーブが何であるか、つまり、それがいわゆる日本の茶であることは理解できなかった。彼の記述から九年後の一五六五年（永禄八）、アルメイダはヨーロッパの人々に対して、日本の茶文化を報告したのである。

日本人が茶を喫するという記述は、フロイスも一五八五年（天正一三）加津佐において、異文化が原因で起こる日本人とイエズス会の混乱を避けるために作成した『日欧文化比較(31)』（*Tratado em que se contem muito susintae abreviadamente algumas contradições e diferenças de custumes antre a gente de Europa e esta provincia de Japão*（1585）の中で紹介している。それは「われわれの間では日常飲む水は、冷たく澄んだものでなくてはならない。日本人のは熱く、そして茶《チャ》の粉を入れて、竹の刷毛《エスコバ》で攪拌することが必要とされる」という記述である。(32)

○アルメイダの報告による日比屋了珪の屋敷

アルメイダは茶会当日の朝九時、了珪が送った使者に案内されて、ある日本人修道士とコスメ・コウゼンと称する人物と共に日比屋邸へ到着した。彼はその屋敷内の様子について、以下のように記している。

史料5：『日本史』

さて私はディオゴの居間の側面から導かれました。そこにはちょうど一人だけが具合よく入れるくらいの大きさの小さい戸口があります。そこから私たちは真直ぐな狭い廊下を通り、杉材の階段を昇りましたが、その階段は、まるでそこに人が足を踏み入れるのは初めてのことかと思われるほどの印象を与え、あまりにも完璧な造作で、私はそれを筆で言い尽し得ません。ついで私たちは中庭に出、廊下を通り、私たちが食事をする部屋に入りました。(33)

アルメイダの報告を整理すると、一行は小さな戸口や狭い廊下、そして階段を昇って食事をする部屋に到着したことになる。

神津朝夫氏は日比屋邸の様子について、「この廊下というのは住居の脇の小さな戸口を入り、その側面をまっすぐに抜けて茶室へ導く路地のことであった」と記述している(34)。さらに史料5には、杉材の階段を昇ったと示されていることから、日比屋邸の茶室は二階、もしくは平地より多少高い所に設けられていたことが考えられる。フロイスの報告にも、「十八ヵ年以上もの間、彼の家は昼夜とも教会の役目を果し、彼のものであった二階を司祭たちは居室とし、そこでミサを献げ、告白を聴き、キリシタンたちにその他の秘蹟を授けたりした」と、日比屋邸には二階が設けられていたことが示されている(35)。

森村健一氏は堺の都市に存在したと想定される茶室を三タイプ挙げ、その一つが「三階蔵茶室」であると述べ、その間取りについて「三階蔵の塼列建物で一階が水屋で、二階が茶室、三階が望楼と言える」と記述している(36)。一九八九年に堺市で実施したＳＫＴ三九地点の発掘調査では、炉壇が蔵の跡から発見された。これについて續伸一郎氏は、「塼列建物ＳＢ三〇一は建物床下地面が周囲より約三〇㎝低くなり、中央部で茶の湯に使用する炉壇が発見されています。礎石配置などから内部に茶室空間をもった蔵座敷であったと考えられます」と記している(37)。

了珪の敷地内に蔵があったことは、フロイスが『日本史』中で「司祭たちは住居の後方にある小さく暗い蔵の中にさっそく祭壇を設け(38)」と、了珪が司祭にミサを行う場所を提供していたという記事からも明らかである。以上のことから、了珪の茶室は蔵の二階にあった可能性が大きい。

史料5によれば、アルメイダ一行は中庭に出た。神津朝夫氏はこの中庭を坪庭と判断している。(39) 同氏は「当時はまだ現在『露地《ろじ》』とよばれる茶庭はなく、公道から座敷に沿った路地の先に、「脇坪《わきつぼ》の内《うち》」、「面《おもて》坪の内」という塀で囲まれた小空間（坪庭）が茶室に付属していた」と記述している。(40)

以下は、堺の都市構造に関する森村健一氏の解説である。

> 前面の道路側には店が面し、通り庭をぬけて奥の茶室である三階蔵へと至る。裏の屋敷地とは隣接しており三階蔵で背中合わせの都市構造である。このことは、発掘調査で証明されており、その奥行きは、五・五間（約一一m）である。隣とは、壁同士で隣接していた状態である。当時の様子は、慶長一〇年（一六〇五）頃の描写年代である「堺住吉祭礼図屛風」に描写されている。(41)

加えて『堺市史』には「了慶（ママ——引用者）は氏を福田といひ権勢こそなけれ、堺の名門であつて、櫛屋町の家は頗る手広く、且つ当時では珍らしい瓦葺三階建であった」と記されている。(42) 以上のことを整理すると、日比屋邸は都市の密集地の中に所在（櫛屋町）した。表通りに面した店と店の間には、裏庭へ続く細い道が続いていた。その脇道を通り抜けると三階建蔵屋敷があり、茶室はその二階に設けられていた可能性がある。なお、アルメイダは具体的な部屋の広さについては示しておらず、「先の中庭よりも少しばかり大きく」とのみ書き残した。(43)

○アルメイダによる茶会報告

アルメイダ一行は食事をする部屋に案内され、室内の設えを以下のように記した。

史料6：『日本史』

部屋の片側には彼らの習わしによって一種の戸棚があり、そのすぐ傍には周囲が一ヴァラの黒い粘土でできた炉がありました。[44]

アルメイダが記した「一種の戸棚」とは道庫を示す。[45] 筒井紘一氏は、山田宗徧『茶道便蒙抄』から「道庫ハ必老人の物也」という箇所を引き、道庫は老人が必ず茶の湯に使用すると記述している。[46] 筒井氏によれば、道庫を用いた最初の茶会は一五五三年（天文二二）二月二九日千宗休の会である。[47]『天王寺屋会記』には「だうかう茶湯」という記録が残されている。[48] 筒井紘一氏は、茶席に道庫を備えた場合の点前について、以下のように見解を述べている。

わび茶の湯の時代になって客の前で点前をするようになると、箪笥棚と同様に道庫は大変便利なものであったに違いない。箪笥棚は点前座の向かい側に置くのに対し、道庫は左勝手であれ、右勝手であれ、点前座の脇に置かれる棚であるから、箪笥棚より使い勝手のよい棚であったはずである。[49]

アルメイダの記述にしたがえば、道庫は部屋の片側、すなわち点前座の脇に置かれていたことになり、「彼らの習わしによって」と記していることから、当時の茶人たちの間で用いられていた道庫を了珪も備えていたことになる。

アルメイダが記録に残した「周囲が一ヴァラの黒い粘土でできた炉」について、神津朝夫氏は「炉は周囲一ヴァラ（約一・一メートル）とあるのでほぼ九寸（二七センチ）角であった。小さすぎるようだが、炉壇の内法《うちのり》をいっているのだろう。永禄年間に広まった、それまでより小さい現行の一尺四寸炉の内法は一尺弱であり、ぴったり合う」と記している。(50) ここで神津氏はアルメイダが示す「周囲が一ヴァラ」とは、一尺四寸四方の炉壇に対する内寸、約九寸（二七センチ）であると述べている。

一尺四寸の炉が使われた最初の茶会は、一五六八年（永禄一一）一〇月二七日の山上宗二の朝会である。(51) 客は津田宗及一人で、彼は『天王寺屋会記』に「一宗仲所持之霰釜ノ開也、四寸ノ炉ニ、ゴトク」という記録を残した。(52) 当時使われた炉の寸法は、「一尺七寸」、「一尺八寸」、「大イロリ」などという大きいものであった。(53) 筒井紘一氏は宗及が茶会記に炉の大きさを書き留めたことについて、以下のように解説している。

宗及は炉の大きさを「一尺四寸」と書いた。『天王寺屋会記』の永禄十一年と十二年に招かれた四十四会の炉による茶会記の中で、三会だけ「一尺四寸」の炉と書いているが、当時はこの寸法が大変珍しかったからこそ記録に留めたのに違いない。と同時に、この頃から一尺四寸の炉が中心になっていったに違いない。(54)

アルメイダは「一尺四寸の炉」と記す代わりに「周囲が一ヴァラの黒い粘土でできた炉」と、炉の大きさを明記した。これに基づくならば、了珪は当時流行はじめた「一尺四寸の炉」を、今回の茶会（一五六五年）に使っていたことになる。そうであるならば、津田宗及が『天王寺屋会記』に記した山上宗二の茶会（一五六八年）以前に、了珪によって「一尺四寸の炉」が使われていた可能性があるのではなかろうか。

　続いてアルメイダは、炉中に注目した。

史料7：『日本史』

その上には感じのよい形の鉄釜が、非常に優雅な三脚（五徳）にかかっていました。灼熱した炭火が置かれている灰は、挽いて美しく篩《ふる》った卵の殻でできているように思われました。すべては清潔できちんと整っており、言語に絶するものがあります。そしてそれは不思議とするに足りないことで、この時人々はそれ以外のことに注意を注ぐ余地は決してないからであります[55]。

アルメイダは炉中の炭が、清潔で秩序正しくつがれていたありさまに感嘆した。「灼熱した炭火が置かれている」と記されていることから、了珪は炭火がアルメイダ一行の到着に最高の状態となるよう時間を計り炭をついでいたことがわかる。

　当時の茶会では、現在のように亭主が客の前で炭をつぐことはなかった。筒井紘一氏は一五六六年（永禄九）興福寺僧侶実堯の覚書『古伝書』（『習見聴諺集《しゅうけんちょうげんしゅう》』）から、炭点前について、以下のように解説している。

振舞に及んで、飯・酒がすんで、終り湯、すなわち箸洗いまで過ぎると、亭主はすぐに立ち、露地で手水使いをして席中に戻る。その時炭斗を持ってくる。そして釜を下ろした時に客人は席を立ち少し休息する。中立である。亭主の方は後座入りのために掛物を掛け替えたり、座敷を掃き清めたり、炭を直したりして座中の準備をする。案内があって客は手水を使い後入りすると、亭主は茶を点てるというのである。(56)

当時の茶会では、客は亭主が炭斗を持ち出し茶室に入り釜を下ろすと、そこで一度退室した、つまりそのタイミングで中立ちすることが約束事になっていた。亭主は客が休息している間に床の掛物を取替え、座敷を清めて、後座で濃茶と薄茶を振舞うための炭火を整えた。

了珪はアルメイダが屋敷に到着する前に初炭を済ませていた。アルメイダは茶室に案内され、炉中の「灼熱した炭火」に注目した。つまり、アルメイダはいわゆる茶会でいう初入りを済ませたのであった。筒井紘一氏は茶会の進行について「初入り―振舞―中立・炭―後入り―茶という次第になる。ということは、初炭は懐石がはじまる前に置いていることになる。下炭だけを置いておく現在と異なる点である」と説明している。(57)

そのような流れで了珪の茶会は進行し、食事がアルメイダ一行に振舞われた。

史料8：『日本史』

私たちがきわめて清潔な敷物である優美な畳《エステイラ》の上に座りますと、食事が運ばれ始めました。(58)

アルメイダは畳に注目した。畳の報告に関して、フロイスは「われわれの［部屋――訳者註］は大絨毯《アルカテイファ》と敷物《タペタ》で飾られる。日本のは藁のマットで飾られる」と記して、ヨーロッパの床に敷く絨毯と日本の座敷の畳とを対照させている(59)。

アルメイダは献立については何も記していないが、その茶席における作法と清潔感に関心を寄せて次のように記している。

史料9：『日本史』

その席での給仕、秩序、清潔、什器は絶賛に価します。そして私は日本で行なわれる以上に清潔で秩序整然とした宴席を開くことはあり得ないと信じて疑いません(60)。

史料が示す秩序整然とは、客人が食事をしている間、給仕の人々の声は一言も聞こえることなく、静默の中で料理が振舞われている状況である。アルメイダの短い報告からは、静謐《せいひつ》な雰囲気の中で食を摂る一同の様子が読み取れる。

史料10：『日本史』

食事が終ってから、私たち一同は跪いて我らの主なるデウスに感謝いたしました。こうすることは、日本のキリシタンたちの良い習慣だからです。ついでディオゴは手ずから私たちに茶《チャ》を供しました。それは既述のように、草の粉末で、一つの陶器の中で熱湯に入れたものです(61)。

アルメイダの報告は管見の限りでは、茶の湯とキリスト教の交流を示す最初の史料である。

フーベルト・チースリク師（Hubert Cieslik, S. J.）は、このアルメイダの報告を次のように解説している。

最も注目に値するところは、その宗教的なふんいきである。食事→祈り→茶の湯という順序で行なわれていたことを見ると、それは一種の典礼のようであって、日比屋了珪の茶道は彼の信仰と結ばれており、それればかりか、信仰が浸透していたことがわかる。(62)

ここでチースリク師がいう茶事の宗教的雰囲気とは、アルメイダの記述が示す、清められた室内に信者一同が集い、共に食事を摂り、祈りを捧げ、茶を供するという秩序正しい流れである。

キリシタン茶人である了珪は、食事が終わると祈りを捧げることを習慣としていた。彼は祈りに続いて茶を点て、茶の湯とキリスト教の両者にある儀式的厳粛さを、茶会の中で見事に調和させたのである。このことはイエズス会士が認識した茶の湯とキリスト教の最初の出会いであり、一六世紀後期の堺の都市においての出来事であった。

了珪の茶歴について『天王寺屋会記』には、一五七四年（天正二）了珪が茶人三名を招いて開いた茶会記録が収められている。(63)

同五月七日　了慶《ヒゞや》会　　春渓　新太《もずや》　宗及

入道ぐ《（雲）》もの釣物、五徳ニ、

藤こぶのふた五徳　何も初而見申候、

同茶会記によれば、客はいずれも堺の大茶人である。春渓は「春慶塗」を考案した漆工師である(64)。新太とは万代屋宗安のことで、彼は一五七七年（天正五）頃、千利休の娘を娶り、竹渓宗安と号した(65)。一方で了珪は列挙された大茶人を茶会に招待できるほど、茶の湯について知的水準レベルが高かった茶人だったのであろう。

他方でフロイスは『日本史』の中で、了珪の信仰について「自らの生活および行為によって人々を大いに感化し、つねに当市のキリシタンの柱石となり生活の亀鑑であった」と評価している(66)。以上に挙げた『天王寺屋会記』と『日本史』の記述を踏まえれば、了珪は茶の湯の修行とキリスト教の信仰を共に深く身につけていたといえる。

了珪は食事と茶の湯が振舞われたのち、アルメイダ一行に自慢の茶の湯道具を披露した。

史料11：『日本史』

ついで彼は同所に所持する幾多の宝物を私に見せましたが、なかんずく三脚がありました。それは周囲が一パルモ少々の大きさのもので、釜の蓋を取る時に蓋を置くものです。（中略）彼が語るところによれば、それは日本中でもっとも高価な三脚の一つで、非常に著名であり、自分は一千三十クルザードで購入したが、明らかにはるかそれ以上に評価しているとのことでした(67)。

史料に示されている三脚とは五徳のことである。以下は、西村貞氏による解説である。

文禄二年、宗魯なる人が、堺において当時名物として喧伝される茶器の類を筆録して、一書に編

み、仙花集と題したのが伝はつてゐるが、それには

比々屋（ママ）　了珪（ママ）

一藤こぶ　五徳

一入道蜘蛛　釣物

として、了珪所蔵の名器を載せてゐる。右のうち藤瘤の五徳は、衣笠一閑の著述に成る貞亮元年板堺鑑下巻の「古来当津所持名物茶道之事」の条下に

小嶋屋道察

藤瘤五徳　前は日比屋了慶所持

の一項がみえてゐるから、前記の了桂所蔵の藤瘤の五徳が、のち小嶋屋道察の有に帰したことが知られる。(68)

西村貞氏によれば、藤瘤の五徳は世に知られた茶道具であった。『堺市史』の中にも『堺鑑下』から引用して、「了慶亦茶湯にも通じて居り、其所持した藤瘤立徳は、後小嶋屋道察の有に帰した」と示されている。(69)小嶋屋道察は茶の湯の師匠武野紹鷗の門下の一人で、『堺市史』の別の箇所には津田宗及、今井宗久などの大茶人と共にその名が列挙されている。(70)したがってこの茶道具を所持した了珪は、財力と共に茶の湯の見識を兼ね備えた茶人であったといえる。了珪は堺の都市に住む豪商であり、『天王寺屋会記』に示されているように、さまざまな茶会の場を通して顔馴染みの豪商たちと日々茶

の湯を嗜んでいたのであろう。

アルメイダのほかにも、イエズス会宣教師の来日は茶の湯の最盛期と重なっているため、彼らは織田信長や豊臣秀吉という権力者や領主、豪商と交流する中、今日では名物と呼ばれる伝来物の茶の湯道具を「拝見」する機会があった。フロイスは『日本史』の中で、松永久秀所持「付藻《つくも》茄子茶入」(71)について「その価は二万五千ないし三万クルザードと言われ、その器を『ツクムガミ』と称します」と記述している(72)。アルメイダとフロイスの報告からは、彼らが茶の湯道具の高額さに注目したことがわかる。

フーベルト・チースリク師は、日本人が茶の湯道具に価値を見出す理由について、イエズス会ピネイロ（Pineyro, S. J.）が一六一七年マドリードで出版した『日本の迫害』第三巻から、以下の記述を引いている。

この飲みものは、非常な宝物であるので、日本人はそれを極めて高価な器で保存している。それは土で出来ているとはいえ、茶の精分を完全に守る質をもっているから、彼らはそのために自分の刀と同じような高価を払う(73)。

ピネイロの記事は、一五六五年（永禄八）にアルメイダによって茶の湯がヨーロッパに伝えられてから五〇年以上経過した一六一七年のもので、この時点においても日本人が茶の湯道具に多額な金額を支払うことは、ヨーロッパ人にとって注目に価されていたことを示している。

以上、本章ではアルメイダの茶会体験に関する史料を挙げ、そこで彼が認識した茶の湯について明らかにした。この報告からは、先ほどの筒井紘一氏の解説のように、了珪の茶会が「前席では席入りと同時に懐石が出され[74]」という流れで進行していたことが明らかである。清冽に整えられた茶席において了珪は、アルメイダ一行に食事を振舞い、祈りを捧げ、みずから茶を点てもてなした。この茶会の中で行われたキリスト教の祈りに対してアルメイダは何の違和感もなく、自然なことであると受け止めた。『イエズス会会憲』には、修道士の食事に臨む姿勢について、次のような規律がある。

食事に際して、すべての会員はすべてにおいて、節度、上品さ、内的、外的品位を守るように心がけるべきである。食前には祝福の祈り、食後にもふさわしい信心と敬意をもって捧げて、感謝の祈りを唱えなければならない。食事中は、内容の難しい本よりも、信心に満ちた本、皆に理解しやすく有益な本を朗読したり、長上の指示に従って説教を聞いたり、わが主なる神の栄光のためにそれに類似したこと［例えば良い影響を与える手紙を朗読すること――筆者補注］をしたりして、霊魂にも糧を与える[75]。

修道院生活において食事の時間は修練である。史料10が示す了珪の祈りの姿を見たアルメイダは、これまで修道士として日常的に行ってきた食事の祈りを、茶の湯においてもなされていることに気付いていたかもしれない。彼は茶会に参加する中で、茶人がキリスト教徒として茶の湯に取り組むことは可能であると身をもって納得したのであった。

アルメイダは了珪の茶の湯が接客という目的のみならず、信仰心を育むことにもつながることを発見した。了珪は茶会が進行する中、茶室に集うアルメイダたちと祈りを捧げた。茶の湯の場で祈るという姿勢は、彼の信仰生活では自然の行いであった。了珪の茶会でアルメイダが認識したものといえば、茶の湯の精神的高みや修行の真摯さであった。茶人がキリスト教信仰を受容し信仰を深めるために、茶の湯とキリスト教の高みを求めて修行に励む。このことを踏まえれば、了珪にとって茶の湯はキリスト教の信仰をより成長させていくために有益であったことは確かである。アルメイダの報告による茶の湯とキリスト教との精神的関わりは、のちに日本文化に順応した宣教規則書を手掛けることになるヴァリニャーノにとって、貴重な実例であったに違いない。

了珪のほかにも、堺の都市には小西隆佐(76)（一五二六？—一五九五）、洗礼名ジョキム（Jochim）や長男如清(77)、洗礼名ベント（Bento）、次男行長(78)（?-1600）、洗礼名アゴスチニヨ（Agostinho）、そして医師曲瀬道三(79)（一五〇七—一五九五）洗礼名メルキヨル（Melchior）などというキリシタン茶人が住んでいた。チースリク師は「堺の教会は、特に茶道と深い関係があったようである」と述べている(80)。彼らもまた了珪のように日常を通して茶の湯を嗜む中で、キリスト教の信仰を深めていった可能性がある。

第三章　ルイス・フロイスの茶室に関する報告

第一節　フロイスが認識した茶室

○アンタンの茶室

一五四九年（天文一八）来日のフランシスコ・ザビエル以来、布教初期のイエズス会宣教師たちは下克上の戦国時代に来日している。フロイスもその一人で、彼は一五六九年（永禄一二）、乱世の京の都を拠点に布教活動を実施した。以下に示す史料12は、前章で扱ったアルメイダの茶会報告と同様、ルイス・フロイス『日本史』に収められている茶の湯とキリスト教に共通する精神性に関わる記述である。

史料12：『日本史』

信長が都にいたこの頃、三河国王（徳川家康）の伯父で、三千の兵を率いる武将である人が、我らの教会を宿舎としていた。それゆえ司祭はそこに入ることができなかった。かくて司祭はソウイ・アンタンと言い、非常に名望ある年老いたキリシタンの家を宿とし、そこに百二十日間滞在した。アンタンは都で改宗した最初の人たちの一人であった。司祭は、彼およびその息子たちから大いなる愛情と心遣いをもって遇せられたが、アンタンは司祭にいっそう自分が満足し喜んでいることを示そうとして、司祭を茶の湯《チャノユ》の室に泊らせた。茶室はその場が清浄であるために人々に地上の安らぎを与えるので、キリシタンたちも、異教徒たちもその場を大いに尊重しているのである。司祭はそこでミサ聖祭を捧げ、キリシタンたちはそこに集まった(1)。

フロイスは、織田信長の家臣である佐久間信盛と和田惟政の計らいで、約四年ぶりに堺の都市から都の教会に戻ることとなった(2)。ところが、三河の領主徳川家康の伯父が三千の兵を率いて都に入り、その教会を兵舎として占領したため、フロイスは立ち入ることができなかった。そこで司祭は、都で最初に改宗したキリシタンであるソウイ・アンタン（Soy Antão）の家に一二〇日間、約四ヶ月滞在した。

○教会建設の経緯

フロイスが記す「我らの教会」とは、ガスパル・ヴィレラが下京の四条坊門地区の姥柳通りにある地所をある僧侶より購入し、そこに建てた小さな聖堂である(3)。フロイスは『日本史』中一五六一年（永禄四）の報告で、ヴィレラの都における出来事について、「四条烏丸町《シジョウカラスマルノチョウ》という一区で別の掘建小屋を借り、翌（一五）六二年の四月《アブリル》、すなわち彼ら（日本暦）の第四月まで借用できるように家主と契約した」と記している。(4) しかしヴィレラは契約を交わしたにも関わらず、町内に住む人々が彼の滞在を快く思わないという理由から、早々と別の場所に引っ越すよう家主から要請された。このためヴィレラは四条坊門地区の姥柳通りへ移り、その後はフロイスもその場所に住むようになった。

フロイスは『日本史』の別の箇所で、「ここで司祭はさっそく一種の祭壇とごく小さい聖堂を設け(5)」と、ヴィレラが引っ越した四条坊門地区の姥柳通りに聖堂を建てたことを記している。加えて、「それから二十年以上の歳月を経ても、町内の人々は教会とまったく没交渉であった」とも記している。(6) したがってフロイスによる二つの報告から、史料12の「我らの教会」は一五六一年（永禄四）頃、ヴィレラによって四条坊門地区に建設された聖堂であることがわかる。

○フロイス、茶室でミサを捧げる

西村貞氏によれば、アンタンは堺の豪商奈良屋宗怡と考えられている。(7)『堺市史』には奈良屋宗怡は堺の茶人で、御物名物記に元紹鷗所持高麗筒青磁の花入を所蔵したとある。(8)

史料12には「アンタンは司祭にいっそう自分が満足し喜んでいることを示そうとして」とあるように、フロイスは屋敷の中で最も格式の高い茶室に滞在した。このことはアンタンが司祭に対して特別な好意を表したかったということのほかに、フロイスがミサを行うための場所を探していたことに気付いた可能性がある。そこで茶人であるアンタンは、茶の湯のために日常的に使っている茶室であるならば清浄な環境を保っており、キリスト教の聖祭に適していると判断した。つまり茶室が単に美しい客間ではなく、茶の湯の修行という精神修養の場所としてアンタンが最も大切にしている部屋であったため、司祭に提供したといえる。

茶室についてはフロイス自身も、「キリシタンたちも、異教徒たちもその場を大いに尊重しているのである(9)」と述べ、日本人がほかの部屋と比べて茶室に対して一層敬意を払っていることを理解した。さらにいうのであれば、茶室は当初提供された部屋に比べ、茶の湯による厳格な精神修行の場所と、司祭が感じたとしてもおかしくはない。彼はアンタンの茶室に滞在することで、日本には茶室という清浄な部屋があり、そこであればミサを捧げる環境に適していると実感した。その環境とは「清浄であるために人々に地上の安らぎを与える(10)」というもので、そこに精神性が存在したことを示している。

茶室は原則として清潔に保たれているが、茶の湯を行う前には改めて清められる。これは表面的な清掃と同時に、精神性を重んじる茶の湯においては、内面的な心のあり方を清める、という意味も含まれている。このように日本人から敬意を払われ、さらに茶人からは修行の場所として重視される茶室であれば、ミサを捧げるために理想的であると、フロイスは見極めたのである。「司祭はそこでミサ聖祭を捧げ(11)」と史料に記されているように、彼は教会で行うべきミサを茶人が特別に重んじている茶室で捧げたのである。

以上が、ヴァリニャーノ来日から一〇年遡った一五六九年（永禄一二）に京の都で実際に起こった、茶の湯とキリスト教との文化交流の実態である。

第二節　日本における適応主義に基づいた宣教の実態

本節ではフロイスの茶室で捧げたミサ報告を踏まえて、一六世紀末に来日したイエズス会宣教師たちが採用した日本の風土に適した布教の実態について明らかにする。ロペス・ガイ師（López Gay, S. J.）は、当時の日本に派遣されたイエズス会宣教師たちが、ヨーロッパと異なる環境の中で、どのような宣教活動を実施していたかについて、*La Liturgia en la misión del Japón del siglo XVI* の中で論じている。これを日本語に直訳すると、「一六世紀の日本宣教における典礼」という意味である。これを井手勝美氏は、スペイン語から日本語に翻訳して『キリシタン時代の典礼』と題した[12]。本書ではこれより引用する。

○日本に適した宣教への理解

ロペス・ガイ師によれば、日本に派遣された宣教師たちは、一五六三年一月一八日付イエズス会第二代総長ディエゴ・ライネス（Diego Laynez, S. J., 1502-1565：在位1558-1565）宛の書簡の中で、日本でミサを捧げる際の特権と免除についての要請をしたためた[13]。その一つは未受洗者がミサに与かるという要望である。その理由について宣教師たちは、「我々のミサに与かりたいと思っている土地の国主や領主たちに対しては、それを許可する必要がある。何故なら、彼らはキリシタンと全く同様に尊崇の念を払っており、ミサに与かることを許さなければ大きな躓きを生ずるからである」と、記述している。(14)当時の封建領主はミサの華麗さに心を動かされたのである。また領主の家臣がミサに列席していたこともあり、みずからも主日と大祝日のミサに与かることを望んだ。この頃はフランシスコ・ザビエルが日本を去り、イエズス会は本格的な日本布教に乗り出した時期で、在日宣教師はすでに宣教初期において、布教地の諸事情に対応した布教方針の必要性を痛感していた。本来ならば、キリスト教信者に限って授けられるミサであるが、異教徒の参加についても許可することで、彼らは布教の糸口を図りたかったのである。

ニェッキ・ソルド・オルガンチィーノ（Gnechi-Soldo Organtino, S. J., 1533–1609）も日本人が厳かな祭典に感動するため、これがきっかけとなり最終的には改心する道筋をたてていた。その道筋とは「一年の重立った祝日には、あらゆる地方のキリシタンを儀式に参加させることにし（中略）盛大な祭典を催し、その際、できうるかぎり美しく豪華な公開行列をくり出す」というものであった。(15)このようにイエズス会では布教の成果を図る中、日本人の嗜好に歩みよった伝道の必要性を認識していたのであった。

中世ヨーロッパでは、乳児が誕生すると直ぐ洗礼を授けなければならなかった。(16)当時ユダヤ教徒やイスラム教徒といった例外を除き、ほとんどのヨーロッパ人はキリスト教徒であったため、洗礼を受けていない者がミサに出席することは考えられなかった。ところが日本では、キリスト教が伝播されたばかりで、洗礼を受けた者でなければミサに参加できないとなると、ほとんどの者がミサに与かることは不可能となり、引いては布教の妨げとなる。ゆえに、宣教師たちはローマのイエズス会総本部にヨーロッパとまったく異なる日本の諸事情を伝えることにより、布教活動への寛大なる理解を求めたのであった。

一五六三年（永禄六）一二月、イエズス会総本部は在日宣教師の請願に対して、「日本の国王と領主たちがミサに与かり得る許可は、懸念なしに許可されるようローマを介して配慮されるであろう」という返書を送った[17]。ガイ師によれば、現在保存されている教皇宛文書の中に、「日本の司教（ママ）から要請され、同地の新しい教会に必要な若干の権限」という表題で、ミサに関連する四つの特権または免除についての請願が収録されている[18]。第一は、携帯用祭壇の使用というもので、個人の家でミサの執行する許可を求めたものである。第二は、祝日にミサを二度立て得ること、第三は夜明けの二、三時間前にミサを開始することである。そして第四には、異教徒のいる前でミサを立てることへの許可である[19]。これは第一の特権の帰結で、さらに在日宣教師たちが一五六三年（永禄六）のイエズス会総本部への書簡にて、異教徒の領主たちへのミサ参列許可を求めたことによる。この四つの要請の中で、第一と第四の特権あるいは免除は、フロイスが認識した茶室について検討する上で特に重要である。

○ローマ教皇が発布した日本宣教への勅許

一五七三年（天正元）九月八日、日本イエズス会士が同会本部に提出した要請は、ローマ教皇グレゴリウス十三世（Gregorius XIII, 1502–1585：在位1572–1585）によって公式なものとなった。その内容については、以下の井手氏による日本語訳を挙げる。なお、この勅許は史料12が示すフロイスの記録から四年後に発布されたものであるため、この内容に基づきフロイスが茶室でミサを立てたとはいえず、両者に直接的な関連性はみられない。しかしこの勅許は当時の宣教活動を検討する上で、宣教師がミサを立てる理想的な場所を見極めていたことを明らかに示し、このことが実施されたであろうことを示す史料である。

史料13：一五七三年九月八日　グレゴリウス十三世勅許

携帯用祭壇の上で行うミサは、聖別された教会以外でも（但し、品位ある適切な場所で）夜明け一時間前に立て、あるいは必要があれば同じ場所で午後も立てることが許される。(20)

グレゴリウス十三世勅許について、ガイ師は「東洋に対して諸種の権限を授与したことが判明している。教皇は一原文の中で、明らかに日本（ラテン語ではまたGiapponiusと称されている）に言及して」と示されていることを指摘した。(21)

この勅許によって「聖別された教会以外」の場所でミサを立てることが公式に承認された。一五七三年（天正元）といえば、巡察師ヴァリニャーノが日本に上陸を果たす六年前のことで、この時点において教皇が下した勅許は、日本に適応した布教を認めるものである。このことは、長い歴史と伝統を受け継いできたローマカトリックが、在日宣教師の置かれた環境とヨーロッパとでは異なっていたため、当地に適した宣教方針の実施に迫られていたことをうかがわせている。宣教師たちは、グレゴリウス十三世が勅許の中で「但し、品位ある適切な場所」と定めていることに注意を払い、誰もが納得する場所を判断しなければならなかった。和田町子氏は当時の宣教方法について、以下のように論じている。

ミサは清潔で品位ある場所を求めて捧げられた。聖堂や会堂のない地方、あるいは迫害時代の初期に、ミサは広い部屋のある民家で捧げられた。ひとことで言えば、南蛮寺が和風の建築であったように、宣教師たちは、この地の人々の目にとって「品位あること」をよく研究し、それを重んじた。[22]

和田町子氏によれば、ミサを捧げるための「品位ある場所」とは、日本人の視点からみて「品位ある」適切な場であった。

では当時の日本社会において、ミサに適した環境とはいかなる場所であろうか。

○日本の風土に適応した宣教活動

ヴァリニャーノは『服務規定』初編（*Obediencias*）の中で、品位ある場所とは日本人の立場から捉えた環境であるべきで、そこでミサを立てるよう命じている。

史料14：『服務規定』初編

この品位とは、ヨーロッパではなく当地の慣習によって判断しなければならぬ。祭壇が品よく整えられるならば、異教徒の個人の家でもミサを立て得るものとする。(23)

ヴァリニャーノは「品位ある場所」を見分ける際、日本の規準で判断するよう説いている。この宣教方針は、第一回管区会議において討議され、その結果、以下のような同意を得られた。

史料15：第一回管区会議

品位ある適切な場所というのは、ここ［日本――訳者注］ではヨーロッパの家の品位ある適切な場所に基づいて考慮すべきではない、と管区会議は考えている。（中略）そこで、管区会議は日本の地方の状態に従って考慮すべきだと考える。すなわち、その場所で設けられた祭壇の後方と上方から絹で飾られて、それと思われるならば、適切な場所と呼ばれるべきだと思われる。また卑しい用途に使用せず、あるいは人間の汚れのために目立たない場所でなければ、異教徒または既婚者の家であっても品位ある場所と言えるであろう。(24)

この議事録は、ローマのイエズス会本部を介して諸神学者によって協議された。その回答は以下の通りである。

史料16：『服務規定』第二編

教会のない場所で立てるミサに関しては、ミサが、キリシタンを扶けるために、あるいはパードレが主日または守るべき日の義務を果すために立てられるならば、たとえその座敷《ザシキ》で飲食し、あるいは既婚者が寝ようとも、祭壇が適当に整えられる場合は、パードレたちはキリシタンの家でミサを立て得る。たとえそのような座敷で上述のような無作法な行為以外に、異教徒が慣習に従い、時にディオスを侮辱することがあっても、異教徒の家でも同様にミサを立て得る。(25)

宣教師らが置かれた日本の状況は、ほとんどの地域に教会がなかったため、彼らはミサを捧げる場所を探していた。史料からミサを捧げるということは、日常の布教活動の中で、何ものにも増して優先されるべきことであったことが読み取れる。そこで宣教師らは、教会のない地域に住むキリスト教信者を訪問する場合、携帯用祭壇を携えて「品位ある適切な場所」に備えた。そこへ人々は集い、司祭はミサを捧げた。

しかし、日本においてミサを捧げる場所をみつけることは決して容易ではなかった。以下、ガイ師によれば、宣教師は教皇が示す「品位ある場所」ということに注意を払い、適切な選択をしなければならなかった。

当時は一キリシタンの家の祭壇の周囲に信者一同が集まって、ミサの典礼行事に与かり聖体を拝領することができた。大半あるいは全員がキリシタンの家族でない場合もしばしばあった。その時には、何人かのキリシタンがいる異教徒の家でミサが挙行された。このような場合には、いつでもある問題が生じた。宣教師たちは、教皇の特権が原文によれば「但し、品位ある適切な場所」と記していたことを無視できなかったからである[26]。

和田町子氏は、布教初期の在日宣教師が直面した宣教にともなう課題について、「日本とローマとのあいだの倫理神学上の質疑応答は、すでに一五六〇年代、トルレス神父が日本の布教長だった時代にはじまっている。その背景には、宣教師たちが日本の地で、自分たちがそれまで関わってきた文化とは根本的に異なる現実に出会い、そして彼らが日本人のもつ文化的・社会的価値観を重視したことがあげられる。宣教師たちは、そのことと自分たちがそれまで守ってきたキリスト教会の掟との対立に真剣に悩んだ」と論じている[27]。

一五六〇年代といえば、イエズス会以外の修道会は未だに来日していない時代である。彼らは日本人がはじめて耳にするキリスト教の教えをどのように伝えていくか、そのためにはヨーロッパでは常識とすることを、どのようにして日本社会に適応させていくかなどということを真剣に考えた。このことは、ヨーロッパから異教徒の地へ派遣された最初の修道会であればこそ直面した課題であった。

本書の第一章第一節では、イエズス会はすでに一五五九年『イエズス会会憲』の中で、同会総長が布教地の慣行から生じる摩擦を避けるために、各管区の判断によって会憲に即した宣教を実行することへの理解について示した。加えて、ヴァリニャーノの来日より二〇年前に、すでにこのような会憲内容を打ち出していたことは、世界を視野に置くイエズス会の宣教理念であると論じてきた。これが適応主義方策による宣教のさきがけである。

ロペス・ガイ師によれば、宣教師が個人の家まで携帯用の祭壇を携え、ミサを立てたという事例は数多くある。たとえば、司祭コメス・デ・トルレスは一五六三年（永禄六）、肥後国高瀬において、竹で小さな祭壇を作りその上にシャム製の赤い布を敷きミサを立てている。また司祭ガスパル・コエリョ（Gaspar Celho, S. J., 1530?-1590）も、簡素な携帯用祭壇を用いてミサを立てていたことが知られている。(28)

祭壇については、管区会議（史料15）で「その場所で設けられた祭壇の後方と上方から絹で飾られて、それと思われるならば、適切な場所と呼ばれるべきだと思われる」と、宣教師らが判断していたことを挙げた。この史料と事例二件からは、彼らにとって祭壇を設けるということが「品位ある適切な場所」と同様に、ミサを捧げるためには不可欠な条件であったことがわかる。

フロイスの場合といえば、ミサに適切な場所を探す中、日本人が尊重する茶室に注目し、そこには清浄さが備わっていることに気付いた。戦国時代の日本において、彼は人々が尊敬の念をもって集う茶室で、教会で行うごとくミサを捧げることができた。したがって、司祭にとって清浄で安らぎをもたらす茶室は、教会以外でミサを捧げるための最良の場所であったことは確かである。和田町子氏は、「ミサを捧げるのに相応しい場所として、十六世紀の人々がとくに選んだのは、茶室であった」と述べている。(29)

フーベルト・チースリク師はキリスト教と茶の湯の関係を検証し、「教会は全く偶然に茶道と関係を結んだのではなかったと思う。意識的に、信者の司牧のために、また布教のために、教会は茶道をとり入れたと思う」と論じている。[30]このチースリク師が示す「信者の司牧のため」、「布教のため」という記述からは、イエズス会宣教師が茶の湯を儀礼や接待と認識していることに留まらず、茶の湯の中に修練士が心から大切にしている「清らかな精神性」を発見したため、茶の湯を布教活動に採り入れた可能性がある。

一六世紀末に来日した宣教師たちは、ミサを捧げるための品位ある適した場所を探す以外にも、ヨーロッパと異なる日本諸事情の中で当地に最も適応した対処方法を検討した。川村信三師は、当時の日本イエズス会が抱えた課題とその対処方法について、以下のように解説している。

日本のイエズス会宣教師らは、布教上しばしば見出される日本の風習とキリスト教倫理の葛藤について具体的な事例を列挙しながら、どの程度まで教会法の例外規定を適用できるのかをローマ・イエズス会本部および教皇庁に問い合わせた。それらの個々の事例に対する解決がヨーロッパの神学者らによって討議され結論が出されて後、イエズス会の本部と教皇庁による許可を受け、その正式な回答文の作成をガブリエル・バスケス神父が担当した。[31]

ガブリエル師（Gabriel Vázquez, S. J. 1549-1604）は、当時のスペインを代表する神学者である。[32]同師著「日本の倫理上の諸問題について」には、当時の宣教師がローマに送った四五項目の質問とその回答が収められている。

その一例を以下に挙げる。日本語訳は川村信三師による。

史料17：「解決を要する日本の倫理上の困難な諸問題について」

（四四）日本においては野生の葡萄蔓からできる葡萄酒でミサを捧げてもよいでしょうか。この野生の葡萄蔓は粒はもっていますが葉は非常に小さく、とれる葡萄酒もやや弱いものです。それゆえポルトガル産の葡萄酒を足さないと長期の保存に耐えません。とはいえ、色、味、蔓はヨーロッパ産のものと比べて遜色があるわけではありません。この葡萄酒でミサをすることが許されるか、あるいはそうするのは少なくとも（ヨーロッパの葡萄酒を積んだ）船の到着が危ぶまれるような時だけにしたほうがよいのでしょうか。その際、野生蔓の葡萄酒とポルトガル産葡萄酒を、分量を少なめにして、混ぜ合わせてよいでしょうか[33]。

イエズス会宣教師が来日した当時の日本では、葡萄酒は生産されていなかった。したがって、ミサに用いる葡萄酒が不足しており、これに対処するために在日宣教師はローマに対して、野生の葡萄蔓から葡萄酒を造ることの是非について問い合わせたのである。以下は、ローマからの回答である。

史料18：「バスケス神父の回答」

（四四）について。ヨーロッパの葡萄酒がないあいだは、それを用いてミサ（聖変化）をすることができます[34]。

この回答について和田町子氏は、「キリストの教えの本質ではなく西欧的装飾にすぎぬと考えられる風習から離れ、初代教会の在り方に立ち戻って考えようとする姿勢が示されている」と述べている[35]。バスケス師はヨーロッパ産の葡萄酒がない場合は、日本産の葡萄酒にてミサを挙げてもよいとした。なぜならば、葡萄酒がないばかりにミサを行えないことは、在日宣教師やキリスト教信者に対して大きな損失になると考えたからである。

和田氏は「キリシタン時代に、舶来の赤ぶどう酒はポルトガル語の赤 tinto から珍陀酒とよばれていた」と記述している[36]。

宣教師はミサを捧げるために必要な葡萄酒を、ポルトガルから貿易船によって入手していた。修道士ルイス・アルメイダは、ミサのために必要な葡萄酒が不足していたため、一五五九年（永禄二）コチンの院長に宛て、ミサ用の葡萄酒と病人用のポルトガルのオリーブ油を送るように書簡をしたためている。

史料19：一五五九年（一一月二〇日）付、ルイス・アルメイダ修道士が日本（の豊後）より、コチンのイエズス会の学院長メストレ・ベルショール師に宛てしたためた書簡

ミサ用の葡萄酒と病人に用いるポルトガルのオリーブ油を我らのもとに送付されたい[37]。

一五五九年（永禄二）といえば、アルメイダが府内の病院で外科医として働いていた時期である。彼は一方でイエズス会に対して葡萄酒やオリーブ油を要求する中、他方で東洋貿易商人であった経験を

生かしてみずからも病人用の食糧を調達した。アルメイダは食糧の入手経路を把握していたため、所持のポルトガル通貨を中国の明銭に換金して、中国に寄港するポルトガル商人から商品を購入することができたのであった(38)。

東野利夫氏はアルメイダの食糧調達について、「ポルトガル商人たちから生糸とともに、病人用として米、麦、大豆、それに漢方の生薬を多量に仕入れた。また住院用として輸入した乾ブドウ、橄欖《オリーブ》油、ブドウ酒、乾酪《チーズ》、乾魚、乾パンなどの舶来品の中には重症者用の栄養補給品も含まれていた」と記述している(39)。

なお、フロイスはヨーロッパの葡萄酒と日本の酒の違いについて「われわれの葡萄酒は葡萄の実から造る。彼らのものはすべて米から造る」と説明している(40)。

野生の葡萄蔓のほかにも、ミサに用いる葡萄酒が不足していた布教地、例えばグリーンランドでは、代用品を余儀なく用いるに至ったということについて以下の記述がある。

はるかグリーンランドでは、司教区を巡回するだけで五年もかかった。ここでは物資が欠乏し、人口も少ないことから、信仰を遵守することは基本的レベルで不可能であった。ぶどう酒が不足し、教皇はミサにビールを使用することを許可せざるをえなかった(41)。

教皇はミサを捧げるために、ビールの使用を承認した。これは先ほどの日本産の葡萄酒でミサを捧げたという事例や、さらには前節のフロイスが教会で行うべきミサを茶室で実行したという事例と同様の概念である。すなわち、異教徒の地において宣教師らが最優先に考えたことといえば、身近にあるものを可能な限り用いて、あるいは採用してキリスト教の典礼を行うことであった。

次なるものは、日本のキリスト教信者が日本の風習にしたがって、みずからの信仰を守り続けたという例である。ロペス・ガイ師は、ある宣教師が一五九八年（慶長三）にしたためた、キリシタン大名大村純忠が行っていた祈禱書の暗記方法についてこう述べている。

> 優れた大名《ダイミヨー》・大村純忠《スミタダ》について知られていることは「彼は自分の扇子に、聖なる十字架の印によってPer signum sanctae crucis 及び主禱文と天使祝詞を書いていただきたいと請うた」し、彼がまだ異教徒であった当時ですら、既に自分の扇子にイエズスの御名を書いていたことである。詩あるいは道徳的格言を扇子に書込んでおくのが日本の慣習であったということを忘れてはならない。扇子は、単に優雅な、あるいは便利な道具のみならず、心境を人に想起させる伴侶の如きものである。[42]

当時の日本人は、詩歌や格言などを扇子にしたためることが習慣であった。純忠はキリスト教信者であったため、扇子に祈禱書や天使詞からの言葉を写していたという。彼は日常的に慣れ親しんでいるものの中から、心のありようや精神性を扇子にしたためるという、日本の習慣からキリスト教の教えを学ぶ手段に活用したのである。

トルレスも一五六二年（永禄五）インド管区長に宛てた書簡の中で、扇子について次のように報告している。

イルマン・ルイス・デ・アルメイダは、至福のイエズスの御名の記された金箔の扇子八〇本を尊師に送付申し上げました。それは、ローマとポルトガルのコンパニアの全パードレが、既に日本人の胸中に、この祝福の御名がいかに記されているかを御理解していただくがためであります。(43)これは日本のキリスト教信者が、日本文化を通してキリスト教の心情を生活の中に浸透させていくための一つの手段であったことを示している。

以上、フロイスの茶室体験にはじまり、一五六〇年代の在日宣教師らがヨーロッパとは異なる社会状況の中で、ローマの規則に基づきながらも布教地に最も適した方法で、宣教をなし遂げていたことについて実例を挙げて検証した。イエズス会が目指した、日本に適した布教の実態を明らかにしてきた中で、何よりも留意するべきことは、ヴァリニャーノ来日以前においても、彼らの宣教方針はキリスト教精神に徹しながらも、日本文化や習慣という部分を介して順応しつつ行われていたということである。

第四章　通辞ジョアン・ロドリゲス『日本教会史』から巡察師アレッサンドロ・ヴァリニャーノの宣教方針への道程

第一節　ロドリゲスが『日本教会史』を編集した経緯

○生い立ち

『日本教会史』[1]（*Histria da Igreja do Japão*）を作成したロドリゲスは、ポルトガル中部の山岳地帯にあるベイラ地方出身である。彼の祖国での記録は残っていないが、少年期に出国して一五七五年インド到着ののち、一五七七年（天正五）に来日したと考えられている。彼は一五七八年（天正六）から約八年間、大友宗麟の領地である豊後に滞在し、この地でイエズス会へ入会した。[2]ロドリゲスは一五八〇年（天正八）、ヴァリニャーノより日本人六人とポルトガル人五人と共に臼杵のノビシャド（修練院）に迎えられ、[3]午前中にイエズス会会憲の学びと修行、午後には祈りと徳について取得するという修練の日々を送っていた。

マイケル・クーパー氏によれば、ノビシャドの開設当初はヴァリニャーノみずからが教壇に立ち、一年生のポルトガル人修練者たちに対して講話や説教を行った。したがって、ロドリゲスはヴァリニャーノより直接教示され、将来日本で宣教することを目指していたのである。一五八一年（天正九）には、大友宗麟の領地、府内に設立されたコレジヨ聖パウロ学院に入学し、神学生として司祭になる準備をしていた(4)。

このコレジヨはイエズス会入会志願者が二年間の修練のあと、ラテン語、哲学、神学を学習する施設である(5)。ロドリゲスはこの施設で、日本人修道士養方軒パウロより日本語の指導を受けた(6)。パウロはイエズス会の同宿として一八年間仕え、一五七九年（天正七）七〇歳を超えているにも関わらず、ヴァリニャーノの推薦でイエズス会へ入会した。さらに、彼の息子ヴィセンテ法印も一五八〇年（天正八）ノビシャドに入り修道士となった(7)。彼らは文才に優れていたため、日本の古典を口語表記に翻訳する奉仕を担った。

ロドリゲスは祖国ポルトガルでは田舎育ちであったために、高度な教育を受けられる環境でなかったが、コレジヨでの学びを通して、日本語習得に対する特別な学習意欲が芽生えた。彼は一五八八年（天正一六）頃には日本語で説教が行えるようになり、翌年には有馬の八良尾に建てられたセミナリヨでラテン語の教師となった(8)。その後、ロドリゲスはイエズス会の通辞として活躍することとなる。たとえば、一五九〇年（天正一八）巡察師ヴァリニャーノが禁教令の下、インド副王の使者という肩書きで第二回目の来日を果たし、豊臣秀吉へ謁見した際に通訳として聚楽第まで伴ったことが挙げられる。(9) 秀吉とロドリゲスの交流関係はその後も続き、一五九二年（天正二〇＝文禄元）、ポルトガル商船が長崎に入港すると、ロドリゲスは舶来品を選別し、朝鮮攻略のため肥前名護屋に陣を進めた秀吉のもとへ持参した。(10) 通辞は一五九八年二月二八日付長崎発の書簡の中で、「私が日本語を知っているので、聖なる服従が、私をして太閤やその重臣の前で、わが会のために、また日本のキリシタンのために、折衝の任に当らしめている」と記述している。(11) このようにして、通辞はイエズス会の渉外担当者として、秀吉に対し、同会の良い印象を与えるよう尽くしたのである。

『日本教会史』を邦訳した土井忠生氏は、「ロドリーゲス通事［ママ］のイエズス会への入会は、恐らく巡察師パードレ、アレッシャンドレ［ママ］・ヴァリニャーノによって許可されたのであろう。（中略）ロドリーゲス通事［ママ］のイエズス会士としての出発もその後の活動も、ヴァリニャーノに負うところが最も大きい」と述べている。(12)

通辞の経歴について、一六二〇年九月にマカオで作成された日本管区所属のイエズス会名簿には、「ジョアン・ロドリーゲス。ラメーゴ司教区セルナンセーリェ村生れのポルトガル人。年齢五十九歳、会にあること四十二年。体力強健。哲学の課程を修め、神学を四年学び、ラテン語を四年間教授す。この管区の会計係を十二年間つとめ、一六〇一年に四つの誓願を立つ。日本語をきわめてよく知り、それにて巧みに説教す」と示されている。(13) マカオの死亡者名簿によれば、ロドリゲスは一六三三年八月一日に逝去したとする。しかしマドリード本Cの標題と本文には、一六三四年と自筆で明記されているため、彼の逝去時期は同年に入ってからとも考えられている(14)。

○『日本教会史』執筆

『日本教会史』の編集目的は、在日イエズス会士の滞在生活の中で初めて触れ合う日本人の生活習慣や文化的価値、そして精神性などに関わる貴重な情報を、ローマのイエズス会本部やヨーロッパの人々に伝え、かつ理解を得ることである。その期間において彼らが実際に目撃したものといえば、たとえば年間を通して厳格に守られる季節の挨拶と贈物、日本人の礼法と儀礼、接待の仕方、そして茶の湯などが挙げられる(15)。特にロドリゲスは、上流階級から町人の間で行われていた茶の湯諸事情のために、『日本教会史』の四章を費やしている。

ロドリゲスは一六二二年（元和八）一〇月三一日付、マカオ発のイエズス会総長宛の書簡の中で『日本教会史』執筆について、以下のように述べている。

私は関白殿の迫害前後の日本のことについて、今日までのところ誰よりもよく知っており、日本の言語と歴史に精通し、宗教に関しても特に研究したので、何人にもまして知っているからである。日本国のことと習慣とについては、すでに大部分を正確に記述した。また、日本教会史で重要であり最も難しいのは、わが聖徒《サント》パードレ、フランシスコ・シャヴィエールの到着からパードレ、コズメ・デ・トーレスの死に至るまでの二十年間にわたる初期のことであって、それから後は年報を見ればよいので、それ以前の初期のところを書いた。特に一言しておきたいことは、私の目的は事実を明らかにすることであって、文書を整えることではない[16]。

ロドリゲスの記述によれば、彼が意図する『日本教会史』作成は、日本の歴史を後世に正しく伝えることである。彼は日本を知る在日宣教師が年々逝去する中、自らの体験で得た日本諸事情を記録に残したかった。

ロドリゲスは「迫害前後の日本」の諸事情について、誰よりも知っていると誇示した。一五七七年（天正五）の来日以降、通辞が目撃した重大な出来事といえば、たとえば本能寺の変（一五八二年・天正一〇）、一五八七年（天正一五）の秀吉による禁教令、関ヶ原の戦（一六〇〇年・慶長五）、大坂夏の陣（一六一五年・慶長二〇）、そして徳川家康の天下統一などである。加えて彼の在日期間は、秀吉の支援のもとで茶の湯が流行した頃とも重なっているため、茶の湯文化の様相についても詳細な記録を残すことができたのである。また『日本教会史』の中で、「信長 Nobunaga が統治するよりも前と、太閤 Taicō 統治前に信長が統治していた頃とに日本に渡ったわが会の人々が、当時起こったことを見聞し、過去に継起したことをその古い歴史書で読み、併せてその後太閤 Taicō の統治した期間にあったことを実見し」と記し、教会史の記述内容は日本に派遣されたイエズス会会員による直接見聞と、歴史書を参考に用いて編集したという[17]。なお『日本教会史』の編述時期は、上記に示したロドリゲスの一六二二年付書簡の中に「すでに大部分を正確に記述した」と明記されていることから、その後あまり遠くない時期に完成したといえる。以上が通辞ロドリゲスの経歴である。

第二節　ヴァリニャーノの日本視察までの経緯

○生い立ち

アレッサンドロ・ヴァリニャーノは、スペイン支配下のナポリ王国のアブルッツォ地方キエーティの出身である。「アレッサンドロ」とは、ギリシャ語で「人を守る」という意味である。彼の父はジャンバッティスタ・ヴァリニャーノ、母はイザベッラ・デ・サングロで、二人ともノルマン貴族の血を引く由緒ある家門であった。ヴィットリオ・ヴォルピ（Vittorio Volpi）氏によれば、少年期のヴァリニャーノは、貴族の師弟が学ぶ教養として義務付けられていたラテン語と「騎士道の授業」を受けたことは想像に難くない、とする。(18) その後、彼はヴェニス共和国の名門パドヴァ大学に進学して法学を学び、一五五七年には、一八歳にして法学の学位を取った。ヴォルピ氏は「将来イエズス会インド管区の責任者として、さまざまな困難や問題（中略）を解決するよう呼ばれたとき、法律の知識が大いに役立つこととなる」と述べている。(19)

その後、ローマで聖職者になることを望んだヴァリニャーノであったが、一五五九年の教皇パウルス四世（Paulus IV, 1476–1559：在位1555–1559）の逝去により夢は断たれた。なぜならば、ヴァリニャーノ家は教皇と親しい関係を築いていたため、彼は教皇パウルス四世からの援助を期待していたからである。結局ヴァリニャーノは、パドヴァ大学に戻り学業を続けることとなった。ところが一五六二年、フランチェスキーナ・トローナという女性を口論の末ナイフで刺し、ヴェネツィアの刑務所に一年半投獄されたと伝えられている[20]。釈放されたヴァリニャーノは自分が犯した罪を贖うため、苦行服に身を包み禁欲の生活を送り、イエズス会入会を申し出た。彼の志願は第三代総長フランチェスコ・ボルハ（Francisco de Borja, S.J., 1510–1572：在位1565–1572）によって受理され、一五六七年修練期間を終え、イエズス会入会後の最初の誓願を果たした[21]。続いて彼は同会の学事規定に基づき、ローマのコッレージョ・ロマーノ（ローマ学院）で哲学と神学を学んだ。そして一五七〇年盛式請願を行い、翌年には司祭に就任した。ローマのサンタンドレーア・アル・クイナーレ教会では修練士指導を担当し、のちに中国宣教で活躍する修練士になったばかりのマテオ・リッチ（Matteo Ricci, S. J., 1552–1610）にも出会っている[22]。

ヴィットリオ・ヴォルピ氏は、ヴァリニャーノがのちに東洋への宣教を志願した理由について、「イエズス会結成時の熱狂的気分、フランチェスコ・ザビエルの示した手本、インドや極東からのザビエルの手紙、これらに刺激されて、初期イエズス会士のあいだに、〝異教徒〟への宣教活動に身を捧げたいという願いや希望が広がった。ヴァリニャーノもこうした者のひとりであった」と述べている[23]。

イエズス会東インド管区巡察師ヴァリニャーノの来日まで、あと八年である。

○巡察師への道

イエズス会本部では最終編成を終えた『イエズス会会憲』が総会議で承認された(24)。一五六八年、これに伴いボルハは巡察師を世界中の布教地へ赴かせ、現地のイエズス会士に新しい『イエズス会会憲』を発表し、これについて説明する任務を与えた。巡察師はラテン語で"Pater Visitator"、ポルトガル語とスペイン語で"Padre Visitador"と示す。松田毅一氏は、当時の巡察師という職務について、以下のように説明している。

修道会の総長から、布教先における会員を指導し、現地の布教事情を調査し報告するために派遣される者の職名であるが、ヴァリニャーノの時代においては、現行のイエズス会の会則に見られるよりも、その権限ははるかに大きいものであったことが明らかである(25)。

当時イエズス会本部と布教地で行われた通信は、船便に限られていたため、歳月が掛かると同時に船が遭難したこともあった。したがって、布教地で問題が生じた際には本部からの返事を待たずして、巡察師が総長の代理として決断を下す必要性があった。なお、巡察師の就任期間は、採用した総長の離任と同時に終了する(26)。

ボルハは同年、東インド管区巡察師にリスボンのサン・ロケの修道院長ゴンカーロ・アルヴァレス(Gonçalo Alvares, S.J.)を抜擢して、東洋地域へ派遣させた。まずアルヴァレスはインドに四年間滞在して、当地のイエズス会士に新会憲について説明した。一五七二年にはマラッカを訪れ、最終目的地である日本へと旅を続けた。ところが一五七三年（元亀四＝天正元）七月、彼の船が薩摩の沖まで来た時台風に襲われ阿久根付近で難破した。この悲劇的なニュースがヨーロッパに伝えられたのは、事故発生から数年後であったが、アルヴァレスの逝去とは別に、彼を巡察師に任命したボルハ総長が一五七二年に逝去した。(27) したがって、アルヴァレスの巡察師の任務も実際には、この時点で無効となっていたことになる。

イエズス会本部では一五七三年、ボルハに代わり第四代総長にエバーハード・メルクリアン（Eberard Mercurian, S. J., 1514-1580：在位1573-1580）が任命され、ヴァリニャーノが望む東洋宣教への夢は現実となった。総長は一五七三年九月、当時三四歳のヴァリニャーノをアルヴァレスに代わり新しい東インド管区巡察師に抜擢した。(28) 一五七三年九月八日、ヴァリニャーノは総長に第四誓願書を提出して、一五七四年三月二一日には東洋への視察旅行が開始された。彼はリスボンから一五七四年九月ゴアに到着し、マラッカに一五七七年、翌年にはマカオまで渡航を続けた。一五七九年（天正七）、ヴァリニャーノはついに日本上陸を遂げたのであった。(29)

その途上の一五七七年、視察旅行中のマラッカにおいて、ヴァリニャーノがインド管区滞在中に体験、あるいは認識した当地の様子をメルクリアンにイタリア語にて報告した。以降、マカオ経由で日本に上陸することになるが、一一ヶ月のマカオ滞在と二年間の日本滞在の結果、彼は自分以外のイエズス会会員がしたためた書簡や報告書などで得た布教地の諸事情を、先のイタリア語による報告書に加筆し改訂した。この作業は一五七九年頃から一五八〇年八月まで行われ、ついにスペイン語表記の『東インド巡察記』[30]が作成された。その中には四〇に渡る章が収録されており、日本に関しては三章をも費やしている。ヴァリニャーノが格別に、日本宣教を重視していたことがわかる。

以下は、ヴァリニャーノによる東インド管区に関する報告である。

史料20：『東インド巡察記』

キリストにおいて、いとも尊敬すべき総会長猊下。この東インド管区は、風土、人種はもとより、その宗教、習慣、行動様式、知力、さらに我がイエズス会員たちが当管区に抱えている数々の職務、カーサ、レジデンシア、生活の方法に至るまで、ヨーロッパの他のあらゆる管区と著しく異なっており、これら［東インド管区——訳者注］の諸地域［での布教や生活——訳者注］の経験がない者たちの心に、奇異の念を容易に生じさせる可能性がございます。これが原因となって、インドでは適切なものとして行なわれていることが、ヨーロッパでは全く適切ではない、と判断されてしまうことがしばしば起こるのです[31]。

この史料は、ヴァリニャーノがしたためたイエズス会総長への序言である。高橋裕史氏は本文中の「これら（東インド管区）の諸地域（での布教や生活）の経験がない者たち」に註を付け、「当時、イエズス会東インド管区は、布教活動の在り方や政治権力との過度の接触、貿易活動などが原因で、ヨーロッパのイエズス会諸管区から批判を受けていた」と解説を加えている[32]。同氏によれば、ローマとポルトガルのイエズス会は、東インド管区の布教に批判的であった。ヴァリニャーノは、その管区の状況というものが、現地を訪問した者でなければ理解できないことを総長に告げたのである。

○ヴァリニャーノの宣教方針

ヴァリニャーノはインド視察を終え、一五七九年（天正七）七月二五日、島原半島の南端に位置する口之津（長崎県南島原市）に上陸した。ここにおいても彼は総長に、現地の事情がヨーロッパはもとより、インドで体験してきたものともさまざまな状況で異なっていることを、以下のように報告した。

史料21：『東インド巡察記』

日本では［インドやヨーロッパとは――訳者注］別個の世界、別個の作法、別個の習慣や規範が通用しており、その結果、ヨーロッパでは礼儀正しく名誉あるものと評価を受けている事柄の多くが、日本では著しく不名誉で侮辱的なものと見なされているからである。また当地日本では、ごく一般的で、しかもこれがなければ日本人と暮らしたり交際したりできない事柄の多くが、ヨーロッパとりわけ修道会員たちの間では、下品で破廉恥なものとされているからでもある。(33)

ヴァリニャーノは総長にヨーロッパで常識とされることが、日本では場合によって無礼となることを示した。

たとえば、信徒はミサの際に起立して聖福音を唱え、御聖体を掲げる時には跪くことが慣習である。

ところが、日本では起立することは主従関係において無作法に当たるため、イエズス会は日本の風習にしたがいミサの間でも信者が正座した状態でいることを容認した。このイエズス会士の宣教方針について、一五九三年（文禄二）に来日したフランシスコ会のある宣教師は、初代教会から今日まで用いてきた儀式や慣習を容易に免除しているものと批判した。(34) しかしヴァリニャーノにとって、日本の礼儀作法にしたがってミサを行うことは、ヨーロッパの習慣を用いること以上に重要であった。彼は教理に触れない、跪くことや起立するという表面的な行動に関して、適応主義の方針に基づき日本人の習慣を採用したのである。

史料22：『東インド巡察記』

衣、職、儀式その他様々な事柄において、日本人の行動はどれも、ヨーロッパ人や他の人種の行動とは著しく異なっている。そのため日本人は、あらゆる事柄を他の人種とは反対に行うことを、故意に学んでいたかのようである。したがって、ヨーロッパから当地へやって来る者たちは全くの新参者に等しいので、食事、着座、［日本人との――訳者注］会話の仕方、服の着方、礼儀作法その他、日本人が行なうあらゆる事柄を、子供のようになって［最初から――訳者注］学ばねばならない。これがゆえに、インドでもヨーロッパでも、日本の諸事情が正確に判断され明確となるのは不可能なのである。(35)

ヴァリニャーノは、ヨーロッパに本部を置くイエズス会が、極東にある日本の諸事情を理解できないと認識した。なぜならば、日本人の生活様式や習慣はヨーロッパやほかの民族と正反対であるため、ヨーロッパ人の常識では納得することができないのである。したがって史料20に示されているように、ヴァリニャーノの布教方針に否定的であった人々がいたとしても、いささかも不思議ではない。巡察師は日本の宣教を成功に導くためには、ヨーロッパはもとより視察を終えたインドとも異なった、日本独自の習慣に即したものでなければならないことを見極めていた。

ヴィットリオ・ヴォルピ氏は、ヴァリニャーノの宣教理念について「ヴァリニャーノは、驚くべき先見性と柔軟性に富んだ方法で、東洋の民をキリスト教化する大胆な計画をつくった。これらの国の、幾千年の文化が持つ固有の価値を認めながら、インド、中国、そして特に、生涯三度、約一〇年にわたって滞在した日本の、人々の生活や習慣のなかに、福音の意味を徐々に植えつけ、土地の文化と融合させていく方針を提示した」と述べている(36)。日本に派遣された宣教師が日本人の慣習を学び、日本人と友好関係を築くこと、これがヴァリニャーノの目標とする異文化圏における布教のシナリオである。エンリケス、ザビエル、そしてヴァリニャーノが見極めたことは、現地の生活習慣を学び採り入れるという手段、すなわち適応主義なくては宣教は不可能であるということであった。

高瀬弘一郎氏はヴァリニャーノが日本布教に用いた適応主義政策について、以下のように説明している。

彼の布教政策はいわゆる適応主義と言われるもので、宣教師が外面的な事柄では出来るだけ日本の文物に順応して摩擦をさけ、そしてそのための重点的な施策として、日本人聖職者の養成を図ってゆく、というものである。(37)

小川早百合氏はヴァリニャーノが実施した適応主義方策の目的を、次のように分析している。ヴァリニャーノの適応主義の内容は、主に仏教との関連で考えられていたが、その具体策は、『日本イエズス会士礼法指針』に示されており、主に、宣教師としての威厳に関するものと、仏教に倣った日本のイエズス会内の組織形成についてである。ヴァリニャーノのねらいは、宣教師の「権威」の確立と保持である。(38)

川村信三師は「日本の倫理上の諸問題について」の中で、ヴァリニャーノの「適応主義」が直面した問題について、次のように論じている。

組織が大きくなり、多くの改宗者を包摂するようになるにつれ、キリスト教会内部では小集団時にはあまり問題とならなかった事柄が宣教師らを悩ませるようになる。特にキリスト教の倫理および教会法上の規定と日本社会の慣習との抵触が問題となった。(39)

川村信三師は日本イエズス会の急成長に関して、一五五五年（天文二四＝弘治元）に神父四名と修道士七名で開始されたキリスト教宣教は、一五九三年（天正二〇）には、神父四二名、全イエズス会員一二九名を数え、国内に二〇〇以上の教会が建てられたと解説している。当時のキリスト教総人口は二一万五〇〇〇人を数えるに至った。(40)

川村師が述べているように、キリシタン人口が増加する中、日本イエズス会はこれまで以上に日本人と接する機会が多くなり、宣教師らは彼らの習慣に困惑する場面が生じてきた。このことにより、ヴァリニャーノの宣教方針は、イエズス会士が日本人の習慣を積極的に採り入れるということのみに神経を注ぐのではなく、イエズス会会員に対してもキリスト教倫理に見合った、誰もが納得する宣教のあり方が求められた。

ここでイエズス会の特徴とする、適応主義による布教方策を確認したい。

第一章第一節では、イエズス会では創立初期から宣教地に適した伝道を目指していたことを明らかにしてきた。『聖イグナティウスのイエズス会会憲』と一五五九年編集『イエズス会会憲』からは、イエズス会の宣教目的が世界に向けられていたことが明らかである。さらに、パウルス三世とユリウス三世の意向に適ったイエズス会の「基本精神綱要」には、神の軍団として世界の果てまでも赴く姿勢が示されている。

日本宣教の実態については、ヴァリニャーノが打ち出した適応主義に基づく宣教方針が注目される中、第一章第二節で提示したザビエル、トルレスという布教初期の宣教師らに関する報告書には、彼らが現地の風習を組み入れ、友好的な手段で宣教活動を実施していたことが示されていた。彼らはすでにヨーロッパと異なる諸事情にある現地の人々に、キリスト教の本質を受け入れやすく伝える努力と工夫をなしていた。

さらにヴァリニャーノ『東インド巡察記』の中からは、布教地の状況報告三通（史料20、21、22）を提示して、彼の目指した布教方針を検討した。ヨーロッパと東洋では文化や生活習慣がまったく異なっているため、派遣された宣教師は現地の生活に順応した布教活動を実施しなければならないことを、巡察師は深く理解した。以上のことを経て、イエズス会が目指した適応主義による世界宣教は、ヴァリニャーノの来日以降、さらに進展することになる。

そもそもヴァリニャーノが巡察師として日本へ派遣された従来の目的は、イエズス会本部の第一総会議で承認された『イエズス会会憲』を、ヨーロッパから遠く離れた当地の宣教師に発布するためであった。フーベルト・チースリク師はヴァリニャーノの来日目的について、以下のように述べている。

第一に新しく編成且つ第一総会議によって承認されたイエズス会の会憲を発布し、説明し、また今までかなり独自の判断で行なわれてきた会員の活動を、この会憲の規準のもとで統一させることであった。したがって彼の日本渡来の意味も、何らかの文化ないし政治的なことではなく、日本におけるイエズス会の組織と活動を会憲の規準に合わせ、会員の生活様式と新会員の養成を、会憲の精神に準じて一定させることであった。(41)

ヴァリニャーノは、日本に派遣されているイエズス会宣教師らに、ヨーロッパで実施しているものと同じ規準に基づいた布教活動を発布、斡旋、そして指導するために来日した。ところが日本上陸後まもなく、携えてきた『イエズス会会憲』は、日本のようにまったく異なった文化を持つ国では通用しないことを思い知らされた。ここにヴァリニャーノは「異教徒の地における布教」の現実に直面し、大きな挑戦に向き合うことになったのである。

巡察師はヨーロッパより日本上陸を果たす過程で、すでにインド、マラッカ、マカオなどと広範囲におよぶ異教徒の地にて視察を終えていたが、日本の習慣はヨーロッパはもとより、インドや中国とも異なっていたことを認識した。そこで彼は布教方針の中に日本の慣習を採用することで、日本人と宣教師の間で生じる文化的摩擦を避けようと考えたのであった。

このようにヨーロッパと日本の生活習慣がまったく異なる中、ヴァリニャーノが注目した日本文化の一つが、当時上流階級から商人階級の人々の間で礼儀作法として広く行われた茶の湯であった。巡察師は一五八〇年（天正八）から一五八一年（天正九）にかけて視察に赴き、主に五畿内を訪問していたため、彼がその期間を通して茶の湯が上流社会のみならず、町人の間においても流行していた様子を目撃したことは確かである。彼は宣教師たちが茶の湯の作法を身に付け、日本人に敬意を示すように命じた。視察を終え豊後府内に戻った巡察師は、みずからが見聞や体験した日本の慣習に基づき、具体的な宣教方針を『日本イエズス会士礼法指針』（*Advertimentos e avisos acerca dos costumes e catangues de Jappão*）に収録した。その中には礼儀作法や茶の湯に関する項目が収録されており、ヴァリニャーノは、宣教師らが日本人と友好関係を保つためには、日本の儀礼慣習が不可欠であると判断した。特に、彼は日本国内の布教許可を得る手段として支配階級に対する働きかけを重視しており、彼らに謁見するためにも宣教師たちには茶の湯の知識が求められたのであった。

以上のように、ヴァリニャーノが茶の湯に注目したことと、ロドリゲスが茶の湯について詳細な記録を残していることから考察するならば、ヴァリニャーノはロドリゲスが『日本教会史』中で記した日本人の礼儀作法や茶の湯に関する報告を参考に、後述で提示する「日本管区規則」を作成した可能性があるといえるのではなかろうか。

第三節　ロドリゲスとヴァリニャーノが認識した日本の礼儀作法

本節では、ロドリゲスが編集した『日本教会史』とヴァリニャーノが日本宣教のために作成した「規則書」にみる茶の湯を用いた接待関連の史料を提示し、両者に示されている具体的な共通点を明らかにする。さらにヴァリニャーノの記述から、イエズス会修道院内で行われていた茶の湯を採り入れたもてなしの実態を検証する。

彼はイエズス会修道院や教会の中に茶の湯のための場所を設け、上流階級やキリスト教信者に対して、茶にて接待できる態勢作りを整えた。ヴァリニャーノが日本人に理想的な接客を重視していたことや、茶の湯に関する深い知識をもっていたことを明白にしたい。

○社会階級に適応したイエズス会の接待

ロドリゲスは『日本教会史』の中で、日本の儀礼慣習について以下のように報告している。

史料23：『日本教会史』

礼儀正しさ、礼法、挨拶および王国における外面上の礼儀習慣（中略）たがいに訪問する方法について、訪問に持参するのが習慣となっている贈物について、領主と身分の高下にわたる家臣、召使との間や、同輩どうしの間において、室内で行なう会釈礼法について、どのように招待するのかという方法と、それに伴う儀式について、その他この種のさまざまな事についての習慣が取り扱われる。(42)

ロドリゲスの記述と同様、ヴァリニャーノも日本人が嗜む礼儀作法の大切さを認識し、イエズス会会員に対して「客ならびに身分ある人のもてなし方、贈物などについて」を作成した。この規則書は一五九二年（天正二〇）に、ヴァリニャーノによって作成され、現在はローマイエズス会文書館（Archivum Romanum Societatis Iseu）に所蔵されている「日本管区規則」の一つである。

史料24：「客ならびに身分ある人のもてなし方、贈物などについて」

歓待すべきお客様や社会的地位の高い方々に対する接客法は、招待の仕方や贈物にまで及ぶべきである。(43)

ヴァリニャーノは宣教を成功に導くため、主に上流階級の人々との交流関係に神経を注いだ。彼は日本人の身分に関して『日本巡察記』の中で、以下のように記述している。

史料25：『日本巡察記』

第一は殿《トノ》と称せられる領主であり、領主を支配し所有する。彼等の間にも、我等の公・侯・伯爵のような称号や特権の数多《あまた》の区別がある。（中略）第二の階級は仏僧《ボンソ》と呼ばれる宗教家で、（中略）第三の階級は（武家）と称する兵士隊で、この地の地位の高い騎士《カバリエーロ》であり、貴士《イダルゴ》である。第四は商人及びその他の職人で、売買、その他の職や細工によって生活している。最後の階級はもっとも賤しい人々、すなわち農夫や奉公人で、彼等は家の内外で、もっとも賤しいあらゆる仕事を行なう。(44)

史料からは、ヴァリニャーノが日本の社会階級を理解していたことが明らかである。次に「客のもてなし方規則」を挙げて、彼が目指したイエズス会のもてなし姿勢を明白にする。この史料も、先ほどの「客ならびに身分ある人のもてなし方、贈物などについて」と同様、「日本管区規則」に収録されている。「客のもてなし方規則」全文は巻末に史料として掲載している。

史料26：「客のもてなし方規則」第二項目

すべての外部者を応対することが職務であると心に刻みなさい。司祭を訪問する来客に対して男女を問わず、宿泊のお世話に努めなさい。お客様の社会的地位や来訪の目的に応じ、それにふさわしい接待をしなさい。可能ならば、その方々が幸せな思いで、魂の糧をいただいて修道院を出ることができるようにしなさい[45]。

ヴァリニャーノはイエズス会会員に対し、あらゆる場面において客の身分に適応した接待を命じている。これがヴァリニャーノの理想とするもてなしの原点である。

○ロドリゲスの茶会料理報告とヴァリニャーノのもてなし規則

ロドリゲスは日本人の間で行われている茶の湯の席で振舞われる懐石について、以下のように報告している。なおこの史料は長文のため、後半の記述は史料30にて提示する。

史料27：『日本教会史』

客人に向かい、茶 chá を飲むための食事時になりますからと告げて、奥に入り、手ずから食台［膳――訳者注］を運んで来て、客人の前に据える。まず主要な食台から出すが、それは米飯と鶴の汁 xiro［xiru――訳者注］および上等でたいへん上手に料理された二品のものとであって、この上もなくきれいに調えられている。すぐに、貴重な鳥か魚の汁 xiro と他の食物とをのせた第二の食台を運んで来る。（中略）数多くの食べ物は出さないで、わずかに二品か三品にとどめる[46]。

当時の日本人の間では、二あるいは三種類の肴を振舞うことが一般的であった。

肴について、ロドリゲスは『日本教会史』の別の箇所で「魚や肉を、日本人は肴 sacana と呼んでいるが、（中略）それは客人にもてなしをし、敬意を表わすために、少なくとも二、三種類の違ったものでなければならず」と、報告している。(47)

さらにこの史料には、汁の具が鶴であったことが示されている。ロドリゲスの報告によれば、日本人が好む汁物の素材とは、第一に鶴、第二に白鳥、第三に野鴨である。(48)

ヴァリニャーノはイエズス会修道院内の接待について、以下のような規則を定めた。

史料28：「客ならびに身分ある人のもてなし方、贈物などについて」

すべての客人に対しては、盃、肴、茶を含め、常識的な礼儀作法にしたがってお迎えしなさい。(49)

ヴァリニャーノは盃、肴、茶によるもてなしが日本では一般的であると理解し、修道院においても同様の接客を採り入れた。

ロドリゲスは史料27の中で、茶の湯の席では肴を二、三種類にとどめていると報告した。このことは、次なるヴァリニャーノの規則にも示されている。

史料29：「客のもてなし方規則」第一一項目

主な修道院へのお客様については頻繁なことであり、身分の高い殿様方、面識はないが敬意を払う必要のあるキリスト教信者でない方々を除けば、振舞いに招待する必要はない。キリスト教信者に対しては、地位の軽重にかかわらず、招待されてお出での方々には、一汁二菜に菓子をそえて歓迎しなさい。また彼らに適当と思うならば、引き肴を加えることができる。ただし、すべてにおいて清潔に順序正しく行いなさい[50]。

史料によれば、イエズス会は接待の一つとして「一汁二菜」に菓子をそえるという仕立を採り入れていた。これはわび茶という草庵式茶事に伴う懐石の基準となる仕立で、千利休が催した茶会の中で最も多く用いられた形式である。

利休の茶会で振舞われた仕立について『松屋会記』、『天王寺屋会記』、『今井宗久茶湯日記抜書』の一部と『利休百会記』、そして『南方録・会』からの記録によれば、汁が出された献立一三二会の中で、一汁二菜の献立が七一会と最も多く、次いで一汁三菜が四七会であった。つまり利休が開いた茶会の約九割が一汁二、三菜となり、二汁以上は七会にすぎない結果となった。このことは、藪内家五代竹心も『源流茶話』の中で「いにしへ、貴人は二汁・三菜に候へども、利休改正より、富貴も一汁三菜に限り、或は一汁二菜……」と記述している[51]。

筒井紘一氏は、奈良の茶人松屋久政が記した『松屋会記』の中から、若き利休が一五四四年（天文一三）に開いた茶会の料理仕立を提示し、以下のように解説している。

フ　汁タウフ ツク〳〵シ　引物クラケ
ウト（独活）　飯　菓子カヤ・クリ クモタコ 三種

というものであった。最初に持ち出した折敷の手前には飯椀と汁椀がのり、向う側に独活《うど》の和物《あえもの》が入った坪椀と麩の炊き合わせが入った平椀がのって、都合四つの椀が膳の上にのっていたことになる。これが利休時代の膳の出し方の基本である[52]。

この利休の仕立は、ロドリゲスが茶の湯に伴う食事では、はじめに飯と汁、二品の料理をのせた食台が持ち出されたという膳の出し方と同じである。したがって、史料27の中でロドリゲスは、当時の茶会における料理仕立を正確に報告していたといえる。

さらに史料29には、イエズス会では一汁二菜の仕立に引肴（fiqui zacana）を加えるという、日本人が客を厚くもてなす方法を採り入れていたことが記されている。ヴァリニャーノは、日本人の作法を見逃すことなく規則書の中に盛り込んだのである。

以下に、利休の料理仕立をもう一つ挙げる。谷晃氏は『利休百会記』より利休が用いた一汁二菜による献立について、一五九〇年（天正一八）八月一七日に行われた茶会を例に挙げ、以下のように解説している。

なます　鶴汁
くしあはび　めし
惣菓子　柿さはし
　ふのけしあへ

これはいわゆる一汁二菜で、この茶会記では多くがこの形式となっており、時に引物としてあと一品が加えられて、一汁三菜の場合もあった。

谷晃氏によれば、茶の湯が禅と深く関わっているように、茶会の料理についても禅僧の食事のように質素であるべきだとして、一汁二菜もしくは一汁三菜とする考えがあった(53)。

質素な献立は修道生活においても同様である。ヴァリニャーノは修道会の戒律にも通じる茶の湯修行の一側面を評価し、茶の湯の作法はイエズス会の宣教方針にも妥当であると判断した。

引き続き日本人の接待について、ロドリゲスの記述を挙げる。

以下は、史料27の後半部分である。

史料30：『日本教会史』

口のついた漆塗りの器に熱い酒を入れたものと、客人がそれぞれに使う盃とを持って来て、盃を客人の前に置き（中略）好きなだけ飲めるようにする。（中略）しめくくりとして湯を持って来て、客人が好きなだけそれを飲む。これがすんでから、食台を一つずつ奥へ下げて、食後の果物としていくつかの適当な物を台《サルヴァ》に少量のせて各人の前に運んで来て、奥へ引き下がる(54)。

ロドリゲスは「酒」による振舞いのことを盃とも記していた(55)。彼は盃について『日本教会史』の別の箇所で、「客人に対して行なう礼儀作法および尊敬のしるしとして、客人に酒を勧めるのが普通一般のことである(56)」と記述している。

さらに、彼は宴会の最後に果物が出されることを認識して、「宴会では食事の最後に食べる物として常にいくつかの果物を出すのが一般の習慣であって、それは必ず七種類、または五種類、または少なくとも三種類の違った種類の物を出す」と報告している。[57] ヴァリニャーノの規則書の中にも、果物で客人をもてなしなさいとの命令がある。[58]

茶の湯に伴う振舞いのほかにも、イエズス会修道院内では訪問客の身分と目的に適応した接待が実施されていた。

○ヴァリニャーノの規則書にみる身分に適した接待

ヴァリニャーノは、日常的に身分の異なる人々がイエズス会修道院を訪問する中で、彼らの社会階級や目的に則した五段階の接待レベルを定めている。

史料31：「客ならびに身分ある人のもてなし方、贈物などについて」

接客の作法は、日本でもさまざまな方法があるが、五段階に分けられる。

第一段階は盃、肴と称される接客法である。これは最下位の接客法で、さらに限定するならば、普通に来られるキリスト教信者、非公式に立ち寄ってくださる立派な方々に向けて行われる。別れの挨拶に訪れる信者など、長時間を要する格式のある接待を望まれないお急ぎでおられる来客、親しい馴染みの来客、主人に託された進物などを届けに来る使用人に対しても、盃と肴を振舞う。

第二段階は、吸物か調理した肴で接客する。ワインと肴の前に銘々皿に装った肴を全員に振舞う。それほど馴染みのない来客、何らかの事情で正式に修道院へお迎えできない大使や領主がこ

> れにあたり、また、親戚筋や重要な方々の訪問、我々と非常に親しい殿様もこれに当たる。
>
> 第三段階は、点心と蕪《かぶ》かアレトリア（訳者注――ポルトガル料理）あるいは吸物と肴をそえた煮た餅を振舞う。これは大名や君主、簡略な振舞の許されない栄誉ある大使、あるいはめったに我々を訪ねてくることのできない遠方からの殿様方である。
>
> 第四段階は、ご飯と汁に塩少々またはこうづけ(59)か湯漬け(60)をそえて振舞うもので、頻繁に行われる。この接客法は、家族的な親しみをもって頻繁に修道院を訪ねる殿様と、一緒にお出でになったご家族、あるいは名誉ある方々に振舞われる。家族的な親しい間柄ではないが、遠方から伝言をお持ちくださった、あるいは急用があり、長居できない方にも振舞われる。
>
> 第五段階は、我々の間で一般に行われる招待と饗宴、および茶の湯による方法である。この接客法は、この領地に天候次第で二、三日、一回または数回にわたって滞在する殿様、あるいは大使のために準備される。この段階は一年を通して、殿様とほかの高貴な方々がこの地を訪れた場合である。またほかの慈悲深い方々、キリスト教信者でない方々やキリスト教信者に対しても用いられる。彼らは我々に対して友愛を示し、必要に応じて寄付してくださる。(61)

第一段階は、盃と肴による基本的な振舞いである。ロドリゲスも『日本教会史』の中で「酒と肴sacanaで客人を厚くもてなす一般の礼法」と述べている。(62)

盃と肴に加えて、第二、三段階では客人の身分や修道院への目的などに応じて、汁（吸物）が振舞われる。この理由について、ロドリゲスは「客人にさらに厚遇する心持を表わしたければ、添い物soymonoといい、魚か肉の入った一種の汁を出すのが習慣である」と解説している[63]。

以下の規則にも、盃と肴のほかに客人の身分に適した接待に関する、ヴァリニャーノの徹底した指示がみられる。

史料32：「客のもてなし方規則」第四項目

日本の習慣と人々の社会的地位に伴う作法にしたがうために、どのようにお客様をもてなすかについて解説された小冊子がある。習慣や社会的慣習を理解するよう努め、いつ、どなたに、盃と肴のみを振舞うか、あるいはそれ以上の敬意を表するべきお客様には吸物と点心、またはより上等な料理でもてなすかなどということをよく把握しなさい[64]。

先のロドリゲスの報告と同様、ヴァリニャーノはこの規則の中で酒と肴のほかに、尊敬する客には吸物や点心、そのほかの料理を振舞うよう命じた。

第二段階の客人にはワインが振舞われていた。第三章第二節の中でミサ用の葡萄酒について扱ってきたように、当時日本には葡萄で作ったワインはなかった。ロドリゲスも『日本教会史』の中で「この東方には葡萄園がなく、葡萄の実で造った酒もない」と記述している[65]。したがって、身分の高い客人のためには、ヨーロッパから持ち込まれたワインを用意したのであろう。

ワインに関する記録は、博多の茶人神谷宗湛『宗湛日記』にも収録されている。慶長四年二月九日の欄には、石田三成が大坂にて宇喜多中納言、伊達正宗、小西行長、神谷宗湛を招き茶会を催したという記録がある。その中に「酒モブタタウトモニ、五イロ出也、長崎ヨリノタウライ《到来》ト被仰也」と記され、三成が客人に長崎より取り寄せた葡萄酒を振舞ったことがわかる。(66) 大名や豪商たちは長崎港に到着したヨーロッパの商人や宣教師を通じて、当時では珍しいワインを入手していたのであろう。

第三段階は高貴な方々への振舞いである。修道院の台所では、上流階級の客人を厚くもてなすために、ポルトガル料理が作られた。

第四段階のもてなしは軽食である。イエズス会では、家族のように親しい友人、主人の使いで伝言を届けにきた使用人、長居のできない客人などに、こうづけか湯漬けが振舞われた。

第五段階は、ヴァリニャーノが定めたイエズス会修道院内の接待で、最高レベルの振舞いである。その中に饗宴とともに茶の湯が挙げられていることは、当時の日本では茶の湯が至極のもてなしであったことを示している。

○ヴァリニャーノの規則にみる接客態勢

イエズス会修道院内では、客人の社会的身分や訪問目的に応じて振舞いの仕立が決定されていたことが明らかであった。さらに、ヴァリニャーノは接客環境や料理の配膳にも万全の注意を払っていた。

史料33：「客ならびに身分ある人のもてなし方、贈物などについて」

第一規則は清潔である。さまざまな食物が清潔であることだけでなく、テーブル、食器、箸についても同様である。なぜならば多くの場合、食事が立派に調理されていても、調理道具や食事の場が清潔でないならば、お客様に対して失礼になる。

第二規則はいただく食物は、この国の作法にしたがって、また食べ物の種類に応じて、それに釣り合った食器で振舞われなければならない。このことは、こうした習慣が身に付いた知的なお客様を招待する場合には一層重要である。

第三規則は時をたがえず食器を運び、正しい順序で食事をお出ししなさい。この点についてはいかなる落ち度があってもならない。それはすぐさま日本人のお客様の気を悪くさせるであろう。(67)

この史料は接待環境に関した規則である。ヴァリニャーノは食物や食器、食事場所を清潔に整えることを命じた。さらに彼は、日本では季節や食事の趣向に応じて器を使い分けることも認識していた。

以下の史料からも、ヴァリニャーノのもてなしに対する徹底した命令が示されている。

史料34：「客のもてなし方規則」第一二項目

茶の湯座敷と庭が塵ひとつなく清潔に保つよう注意しなさい。台所の隅々にいたるまで、収納庫やお客様がお使いになる道具についても同様である。ワインと肴は味良く適切で、最もよい時間に順序正しくお出ししなさい。そのために充分な人数の使用人が確保されなければならず、彼らに修道院内においてほかの仕事をさせてはならない。(68)

史料には、座敷と茶室、露地は汚れがないよう清潔にせよとのヴァリニャーノの命令が明記されている。これは客人を座敷に招き、酒と肴で接待し、のちには露地を通って茶室に移り、一服の茶の湯をもてなすための完璧な準備である。ロドリゲスも日本人が清潔を重んじ、常に生活環境を整えていると報告している(69)。

修道院内の宴席では、酒と肴が順序正しく運ばれ、上手に調理された食べ物が適切に振舞われる。先ほど挙げた利休による懐石の料理仕立が示すように、料理の配膳には順序がある。ヴァリニャーノはこの点にも注意を払い、イエズス会では日本の作法を採り入れた。これにより彼は上流社会の人々を日本の作法にふさわしい酒と肴で歓迎し、宣教への理解と支援を図ったのであった。

以上、ロドリゲスの『日本教会史』とヴァリニャーノの「客のもてなし方規則」および「客ならびに身分ある人のもてなし方、贈物などについて」を提示し、両者にみられる接客に関わる共通点を検討した。その結果、ヴァリニャーノの規則書の中には、多くの場面でロドリゲスの報告にみられる接待方法と同様の定めが示されていることが明らかとなった。

前述したように、ロドリゲスはヴァリニャーノが一五九一年（天正一九）に第二回目の来日を果たして、豊臣秀吉に謁見した際、通訳として聚楽第まで随行している。巡察師は、彼の優れた日本語能力や精通した儀礼習慣を見極め、日本諸事情に関する情報収集と分析という、イエズス会の宣教を成功に導くための重要な役目を任せたのであった。

ロドリゲスはこの命令にしたがって、日本人の儀礼慣習について調査を行ない、その中で彼らが茶の湯を重んじていたことを発見して、莫大な情報を記録に収めた。

巡察師はその報告を受けて、日本の礼儀作法を理解し、修道院を訪れる客人に対して茶の湯とそれに伴う料理でもてなすことの重要性を認識した。管見の限りでは、ロドリゲスの茶の湯情報以外に、多岐詳細におよぶ記録はみられない。したがって、ヴァリニャーノの作成した茶の湯を採り入れた宣教方針は、通辞からの情報が大いに参考になったとみて間違いない。特に第五章で取り扱うヴァリニャーノの目指した「適応主義」による宣教方針の一つに、茶の湯を組み入れていたことを踏まえれば、彼はロドリゲスの報告を大いに評価していたといわなければならない。

巡察師はロドリゲスの調査結果に基づいて、さまざまな判断を下すことができたが、それが的を得ていたのは、通辞の功績があってこそである。これがロドリゲスからヴァリニャーノへと移りゆく適応主義に基づく宣教方針の道程である。

第五章　ヴァリニャーノが茶の湯から導き出した適応主義に基づく宣教方針

第一節　ヴァリニャーノが意図したイエズス会の茶の湯者「同宿」

○日本イエズス会第一回協議会

本節では、ヴァリニャーノが目指した茶の湯による宣教の実態を検証する上で、茶の湯担当者に抜擢された「同宿」(1)という奉仕者の身分や具体的な職務について明らかにする。彼はこの同宿をイエズス会修道院に住まわせ、茶の湯全般の業務を担当させた。

はじめに、日本イエズス会第一回協議会の議題の中から、同宿に関する項目を史料に扱い、その身分と役割を明らかにする。一五七九年（天正七）七月に来日した巡察師は、一五八〇年から一五八一年（天正八～天正九）にかけての視察中、イエズス会存続と宣教に関わる重大な問題を解決するための協議会を開催した。その目的について、井出勝美氏は「ザビエルの開教以来三〇年間に山積した布教と司牧上の諸懸案を処理して、日本教会の組織的財政的独立を意図すると共に、文化的適応

（Acomodación, Adaptación）という、対日布教基本原則を確立した。それは十六世紀大航海時代の海外布教史上、画期的なものであった」と解説している(2)。

ヴァリニャーノは協議会を開催するにあたり、在日司祭全員が一ヶ所に集合することは不可能であるため、日本の宣教地区を豊後、都、下《しも》に区分し、それぞれの地区にて同様の議題について討論するという手段を講じた。最初の本協議会は一五八〇年（天正八）一〇月に豊後地区の臼杵で、続いて一五八一年（天正九）七月に都地区の安土山で、最後に同年一二月下地区の長崎において執行された。以下は出席者で、三地区より合計二六人の司祭によって二一項目に及ぶ議題が討議された(3)。

史料35：「日本イエズス会第一回協議会」

パードレ・フランシスコ・カブラル　当時の日本布教長
パードレ・ガスパル・コエリョ　現在の準管区長
パードレ・ロレンソ・メヒア　巡察師の補佐
パードレ・オルガンチーノ〔ママ〕　都地区長
パードレ・フロイス　準管区長の補佐
パードレ・メルチョール・フィゲレド　府内の学院《コレヒオ》院長
パードレ・ペロ・ラモン　（臼杵の――訳者注）修練院院長兼修練長
パードレ・メルチョール・デ・モラ　有馬のセミナリオと修院《カサ》の院長

パードレ・ルイス・ダルメダ［ママ］　天草の修院と住院《レジデンシア》の上長

パードレ・アントニオ・ロペス　長崎の修院の上長

パードレ・ルセナ　大村の修院の上長

パードレ・ファン・バプティスタ・デ・モンテ

パードレ・バルタサール・ロペス・エル・グランデ　平戸の修院の上長

パードレ・ゴンサロ・ラベロ

パードレ・セバスチァン・ゴンサルベス

パードレ・アントニノ

パードレ・フランシスコ・ラグナ

パードレ・グレゴリオ・デ・セスペデス

パードレ・ヨセフォ・フォルナレーデ

パードレ・フランシスコ・カリオン

パードレ・アリエス・サンチェス

パードレ・フリオ・ピアニ

パードレ・アロンソ・ゴンサルベス

パードレ・バルタサール・ロペス・エル・ペケーニョ

パードレ・ミゲル・バス

パードレ・クリストバン・デ・レオン

出席者の中には、『日本史』を編集したルイス・フロイスをはじめ、ニェッキ・ソルド・オルガンチィーノ、ルイス・アルメイダという日本の諸事情に詳しい宣教師の名前が記されている。ヨーロッパとはまったく異なった儀礼慣習をもつ日本において、イエズス会の宣教活動を成功に導かせる手段について討議される際、彼らの豊富な体験に基づく意見は、ヴァリニャーノにとって重要であったことは確かである。

○同宿の特徴

以下の史料は日本イエズス会第一回協議会の議題第一六項の冒頭で、日本語訳は井出勝美氏による。ここでは同宿という名称の由来と、これを用いることによる宣教効果について論じられた。

史料36：「日本イエズス会第一回協議会」議題第一六　我々の修院で生活する同宿

ヨーロッパで充分に理解されるためには、宗教家である日本の仏僧の中に様々な位階と階級があること、その中には同宿《ドージユク》dogicosと称されて将来仏僧となるために僧院で育てられる若者の階級が存在することを知ると善い。同宿に関しては、我々の修院（修道院――引用者注）にも多数の者がおり、彼らは我が会士とは異なる長衣を着用し、日本では教会の者と見なされ、イエズス会士でないことは周知のことであるが、ある程度、宗教家のような好評を得ている(4)。

イエズス会のジョン・コイネ師（John J. Coyne, S. J.）は、当議題を以下ように解説している。

我が修道院に住む同宿と称する若者について

「同宿」とは、実際「同宿する者」、むしろ「同宿舎で暮す者」という意味で、特に旅先で同じ宿に泊まる者のことをいう。僧侶にとっては、これは「同じ寺、または同じ僧院に住む者」、あるいは「同じ屋根の下で共に暮らす者」という意味である。宣教師にとって、協議会の議題［第一六］にみられるように、「同宿」は仏教の寺で使われている言葉からの借入語である。これは特に、僧侶が位階を決定する際に用いられていたものである。つまり「同宿」は、いつの日か僧侶になるために寺で暮らす若者のことである。この慣行は教会において借用された。イエズス会修道院には、このような多くの同宿が暮らしていた。彼らは長衣を着用し、イエズス会士ではないことは周知のことであるが、一般に人々の間では、ある意味、聖職者と認識されていた(5)。

ヴァリニャーノはこの議題で議論されたことを、イエズス会総長をはじめとするヨーロッパの人々に報告すると同時に、日本イエズス会が採り入れている日本の慣習に適応した宣教方針への理解を求めた。

巡察師は「同宿」という仏教で使われている階級名称をイエズス会のそれに採用し、日本人にわかりやすい表現方法を用いることが、宣教の向上につながると考えた。これは日本人の生活に浸透している言葉をイエズス会のある特定の奉仕者に採用することによって宣教を容易にしたいという、巡察師の適応主義に基づく方策である。

ヴァリニャーノは、同宿に長衣を着せて効果的な宣教を図った。彼は日本人が修道士たちに対して良い印象をもっていることを知っていたため、同宿にも長衣を着せ、表面的には修道士たちに順ずる聖職者のような印象を与えたのである。「我が会士とは異なる長衣」とは、ヴァリニャーノが協議会の裁決で定めた以下のようなものである。

史料37：「日本イエズス会第一回協議会」議題第一九「裁決」第九

同宿とイルマンとの差異が日本人の間に明確に知られるために、今後、同宿は黒い着物《キモノ》も帷子《カタビラ》catabirasも使用せず、着物と帽子は青色、胴服《ドーブク》は黒色とするが、しかしイルマンのものよりも短く日本風に仕立てること。(6)

史料が示すイルマンとはポルトガル語でいうIrmãoのことで、日本語では修道士、または兄弟と訳されている。(7)

同宿は、日本風仕立ての青い着物を着用していた。高橋裕史氏は、ヴァリニャーノが同宿に青い着物を与えた理由を中世ヨーロッパの思想から求めている。高橋氏によれば、絵画に描かれた聖母マリアの衣装で使われている赤は天の聖なる愛を、青は天の真実を表現している。これを踏まえて同氏は「青色も神聖と聖性、キリスト教における三位一体の象徴を有する色彩であった。ここから、同宿の服装の青色も、青が具有する形而上的意味合いと何らかの関係があると考えられる」と説明している。(8)ヴァリニャーノは、日本人が修道士を聖職者とみなしているように、同宿に長衣を与えて宗教的な姿を装わせたのである。

さらに、ヴァリニャーノは同宿に「聖なる青色」の長衣を与えることで、イエズス会会員ではない同宿に対して、外見的にはイエズス会に属し、神に奉仕する者であることを自覚させたかった。高橋氏は「同宿に対する青色の色彩の選択は、教会内での処遇や昇進などの非形而上的な次元の問題に懊悩している同宿を、青色によって形而上的な世界へと導き、昇華させることに、その狙いがあったのであろう」と述べている。(9)つまりヴァリニャーノは青色の長衣を用いることで、日本人に対しては宗教性を明確に与え、同宿に対しては精神性と霊性の自覚を促すという効率的な手段をとったといえる。

同宿の衣服に関しては本協議会以降も繰り返し議題や規則の中で検討されている。たとえば、一五九二年（天正二〇）に開催された第一回日本イエズス会総会議の諮問第三一において、同宿はイエズス会会員と異なる衣服を着用することや、絹の衣服を着用しないことが決議されている。さらに「日本管区規則」に収められ、同じく一五九二年（天正二〇）ヴァリニャーノによって作成された『服務規定』の第一二章「我がイエズス会員と同宿の衣服について」には、同宿の袷と着物は青色とし、胴服は黒色で修道士が着ているものよりも丈を短くすることが定められている。(10)

この規則は、その後ヴァリニャーノの後任となった巡察師フランチェスコ（フランシスコ）・パシオ

(Francisco Pasio, S.J., 1553-1612）に受け継がれた。パシオは一六一二年（慶長一七）に「巡察師の服務規程の抜粋」第七章「我がイエズス会員と同宿の衣服について」と「ヴァリニャーノの服務規程」第九章「我がイエズス会員と同宿の衣服について」の中で、ヴァリニャーノが定めた当時の規則を継承した。[11] このことは、ヴァリニャーノが一五七九年（天正七）の第一次日本巡察期間中に打ち出した適応主義に基づく布教方針が、約三〇年後にはパシオへと引き継がれていたことを示すものである。

さらに、イエズス会の奉仕者同宿は、仏僧に仕える同宿と同様に剃髪しており、日本人に対して一段と聖職者であるかのように装わせた。[12]

議題第一六「我々の修院で生活する同宿」は、以下四つの論点について討議された。[13] 第一点は、同宿はイエズス会の運営に不可欠であること、第二点は、同宿の結婚を許可するか否か、第三点は、同宿の上長に対する告解と聖体拝領、そして第四点は、同宿がパードレ（司祭）やイルマン（修道士）と食事を共にすることの是非である。

イエズス会運営に伴う同宿の存在については参加者全員による議論が展開され、最終的に同宿の存在は修道院に欠かせないという意見がまとめられた。その理由は以下の通りである。

史料38：「日本イエズス会第一回協議会」同宿はイエズス会修道院に欠かせない第一の理由

彼らの大半は、イエズス会に入会するという意志と希望を抱いてセミナリオ［ママ］や我々の修院で育てられ生活しており、これらの者を除いては、我々は日本人イルマンを一人として持てないであろう。[14]

史料によれば、同宿の大半は将来、修道士になることを志願して、修道院やセミナリヨで育成される。ヴァリニャーノは、同宿を修道士として立派に育て上げ、将来の日本人伝道者を生み出すことを目指していた。高瀬弘一郎氏は、「一五七八年にイエズス会総長はヴァリニャーノに宛て、日本人を入会させこれを積極的に宣教師に育成するようにという指令を与えており、ヴァリニャーノは日本布教長カブラルの反対を排して教育機関の設置に着手した」と解説している。[15]

この教育機関の設置とは、ヴァリニャーノが切に願ったイエズス会会員のためのセミナリヨ（神学校）創設のことである。[16] 彼は日本イエズス会が抱えた人材不足という実態に対処するため、臼杵のノビシャド（修練院）と府内のコレジヨ（神学院）を創設し、日本人修道士及び司祭の養成を実施した。イエズス会総長がヴァリニャーノに送った手紙から二三年後の一六〇一年（慶長六）、同会は最初の日本人司祭木村セバスチアン（Sebasitià Kimura, S. J., 1565–1622）と、にあばらルイス（Luis Niabara, S. J., 1564–1618）を世に出した。この年以降一六四四年（寛永二〇）頃までの間に、合計四一人の日本人司祭が誕生した。その大部分はイエズス会士であったが、その中にはフランシスコ会の司祭笹田ルイス（Luis Sasada, O. F. M., 1600?–1631）、ドミニコ会の司祭西トマス（Tomas de San Jacinto, Nishi, O. P., 1590–1634）、アウグスチノ会の司祭金鍔トマス（Tomas de San Agostino Kintsuba, O. S. A., 1602?–1637）など、イエズス会以外の修道会や教区からも、日本人司祭を輩出し、その多くがセミナリヨの卒業生であった[17]。

木村セバスチアンとにあばらルイスが司祭になるまでの経緯について、以下に説明する[18]。彼らは一五八〇年（天正八）に有馬のセミナリヨに入学して、ラテン語やポルトガル語を学習していたと考えられている。一五八二年（天正一〇）には、木村ミゲル（Miguel Kimura, 1566-1628）、徳丸マテオ（Mateus Tokumaru, 1568-1596/1603）、山田（飾屋）ジュリアン（Julião Yamada, 1572-1601）の日本人三名と共にイエズス会に入会し、一五八四年（天正一二）に修道士の誓願を立てた。

ヴァリニャーノは、一五八七年（天正一五）に豊臣秀吉による伴天連追放令が発布されると、一五九三年、日本に設立する予定であった神学校をマカオに創立し、そこを東洋のイエズス会の養成所とした。彼は一五九四年から一五九五年（文禄三～文禄四）にかけて、木村セバスチアン、にあばらルイス、木村ミゲル、徳丸マテオ、山田ジュリアンの修道士五名をマカオへ送った。五人の修道士のうち木村ミゲルは帰国し、徳丸マテオは死去、残された三名の修道士は、一五九八年セルケイラ司教によって副助祭に叙された。それより後、彼らは帰国のためマカオを離れ、一六〇〇年（慶長五）八月長崎に到着し、同年九月には、同じくセルケイラ司教によって助祭に叙された。しかし山田ジュリアンは結核を煩い、司祭叙階を目前にこの世を去った。

にあばらルイスと木村セバスチアンは、一六〇一年（慶長六）九月、長崎の岬にある新しい聖母被昇天聖堂（現在の長崎県庁所在地）において、セルケイラ司教によって叙階の秘蹟が授けられた。当時イエズス会準管区長であった先程の巡察師パシオは、これについてイエズス会総長に宛てた一六〇一年九月三〇日、長崎発の書簡の中で、以下のように記録している。

史料39：パシオ、長崎発、一六〇一年九月三〇日の書簡

九月に二人の会士が司祭に叙階された。彼らはこの名誉を与えられた最初の日本人である。叙階式の前に、集まった人々に対し、叙階の秘跡の各段階とその尊厳、聖職者の職責と義務について、また日本人としては同胞がこれほど高い身分にあげられるのを見る恵み、永遠の神から日本人が受けるこの大きな恵みについて説教が行なわれた。(19)

その後もヴァリニャーノが掲げた教育計画は着実に実行されていった。一六〇八年（慶長一三）には、天正遣欧使節に選ばれた伊東マンショ（Mancio Ito, S. J., 1570?–1612）、原マルティニョ（Martinho Hara, S. J., 1568?–1629）、そして中浦ジュリアン（Julião Nakaura, S. J., 1570?–1633）の三名が叙階を授けられている。イエズス会は一六〇一年（慶長六）から一六四四年（寛永二〇）頃の間に、合計二三人の日本人司祭を輩出した。(20)

ヴァリニャーノは一方で、ヨーロッパから派遣された修道士らに日本語学習を命じて、日本人と交流できる能力を養わせ、他方ではヨーロッパの司祭たちが通訳を介して日本人に説教していることは理想的でないとして、日本人修道士らに対して哲学や神学分野などの教育を施した。また、巡察師は将来の日本宣教のために、ヨーロッパからのキリスト教関係書物を現地に見合った表現で翻訳できる

者を育成することも視野に入れていた。しかし、彼の掲げた目標に対して日本の責任者である布教長は反対した。ここに巡察師の宣教方針に関する新たな挑戦があった。

○カブラルの同宿に対する意見

日本布教長フランシルコ・カブラル（Francisco Cabral, S. J., 1533–1609）も日本人聖職者の必要性は把握していたが、ヴァリニャーノとは養成方法について大きな隔たりがあった。これについてフーベルト・チースリク師は次のように解説している。

カブラルは、日本人を同宿（伝道士――筆者注）、助修士として受け入れ、また時に応じ、簡単な神学課程を済ませて司祭にまで養成することを考えていたが、ヴァリニャーノは初めからリーダーの養成を考え、ヨーロッパのと同等な学問と教養を施すべきである、と主張した。(21)

事実、ヴァリニャーノは来日当初より日本イエズス会規則や宣教方針について、カブラルの考えと相違していることを感じていた。

ヨゼフ・B・ムイベルガー師（Joseph B. Muhlberger C. Ss. R.）も、ヴァリニャーノが一五九五年（文禄四）にカブラルとの間で生じた問題について分析した記録の中で、布教長が意図した日本イエズス会士の教育方針に関する誤りを七項目挙げている。(22) その五項目には、カブラルは日本人修道士たちに、ヨーロッパの言葉を習わせようとしなかったことが挙げられている。彼は日本人修道士が学問を身に付けると、将来ヨーロッパ人に対して尊敬の念を持たなくなると考えた。また、日本人修道士がヨーロッパ言語を習得すれば司祭の会話を理解し、将来日本人の司祭が生まれる可能性もある。カブラルは日本人修道士に西洋の学問を授けるのではなく、ヨーロッパの司祭に服従させる方針を示したのである。(23)

ヴァリニャーノは日本国内を視察する中で、宣教を成功へと導くためには日本人について深く理解しなければならないことを認識していた。しかし、このことはヨーロッパ言語や習慣などを携え来日した宣教師では不可能であることも見極めていた。そこでこの課題を脱却するために、日本人修道士に西洋の学問を授け、将来日本伝道の要となるイエズス会士を育成したいと巡察師は考えたのであった。この方針に対し、日本布教長カブラルの意図した日本布教は、あくまでもヨーロッパの宣教師を中心として実施されるというあり方で、ここにイエズス会士教育方針に関して両者の間には大きな隔たりがあった。

〇同宿への期待

以下は、日本イエズス会第一回協議会の議題第一六項で話し合われた、同宿の存続に関わる第二の理由である。

史料40：「日本イエズス会第一回協議会」同宿はイエズス会修道院に欠かせない第二の理由

彼らは同修院の援助と奉仕に全面的に必要である。何故なら、彼らは通訳、教理問答者、伝言の受領者伝達者、葬儀を援助し、イルマンの不足のために我が会士のなし得ない交渉や修院の職務の大半に従う者であるからである。それは、日本では宗教家と見なされる者でなければ相応しくない仕事である。(24)

同宿は修道院運営に関わる援助や奉仕、そして宗教に関わる補助など、多岐に渡る仕事を担っており、イエズス会には不可欠な存在であった。

同会は修道士が不足していたため、日本人から聖職者であるかのように捉えられている同宿は、司祭に付き添う補佐役に適していたのである。例えば同宿は通訳として、あるいは日本人にキリスト教の精神性をわかりやすく説明する助け手としてなど、イエズス会と日本人の橋渡し的存在であった。

一五八二年（天正九）一月、三地区で討論された議題に対して、ヴァリニャーノは裁決を下した。(25)彼は司祭らの要請に対し、「そこで述べられている内容は凡て妥当であり、従って遵守すること」とした。(26)その理由は、史料38に示した同宿を受け入れなければ、日本人イルマンを育てることができないことおよび、史料40で挙げた同宿による全面的奉仕が不可欠であるというものであった。ヴァリニャーノは、日本に適応した宣教を実行するためには、日本人として生まれ育ち、その生活の中で培われてきた同宿の習慣や儀礼に関わる知識が、ぜひとも必要であった。それはヨーロッパ人の考えには想像もつかない日本社会の掟ともいうべきもので、当地の慣習にしたがわなければ宣教に支障をきたすことになる。それゆえ、巡察師は同宿の日本諸事情に関する知識を重視し、彼らをイエズス会の奉仕者として修道院の中で立派に育てたかったのである。

では、ヴァリニャーノをはじめとする司祭たちは、どのように同宿を育成したのであろうか。これを明らかにするために、「日本管区規則」に収録の「同宿規則」"*Regras pera os dujucus*"を提示する。この史料には、同宿が果たすべき修道院生活に関する七項目にわたる掟が収録されている。「同宿規則」の全文は、巻末に史料として掲載した。

史料41：「同宿規則」第一項目

以下のことを理解しなさい。あなた方は「教会の息子」であり、神に奉仕するという完徳の中で神の聖なる掟を心に保ち、それにしたがい、あなた方の魂を救うよう努めるばかりでなく、自身の能力に応じ、また上長の命令に則して同僚を助けなければならない。すべての徳目を完成し、こよなき清らかさをもって霊肉共に貞節を守りなさい。(27)

ヴァリニャーノは同宿を教会の息子と呼び、彼らが神に献身するイエズス会の奉仕者であるという自尊心を植えつけた。前述した、巡察師が一五九五年（文禄四）にしたためた記録の中には、日本布教長カブラルとの教育方針の違いに関する、以下のような記事が残されている。

イルマン達や同宿達は、我々の修道会の住家で、強い束縛を受け、不平たらたらで、不信感を抱いていた……これらの人達は、修道会の息子というよりも、むしろ敵といった態度であった。(28)

ヴァリニャーノは来日当初を振り返り、日本人の修道士や同宿たちが抱くイエズス会に対する不満の原因が、カブラルの教育方針にあることを指摘した。その後ヴァリニャーノは一五九二年作成の「同宿規則」第一項で「教会の息子」と記し、すべてのイエズス会会員に対して同宿の立場を明らかにした。また同宿に対しては、神に奉仕する者としてふさわしいキリスト教の精神を自覚させたかった。

史料42：「同宿規則」第三項目

いずれの修道院においても、どのような奉仕に対しても熱心に励みなさい。規則にしたがい精進しなさい。司祭の助手に選ばれた者は、あらゆる命令に応じなさい。余暇を有効に使いなさい。読み書きの習得、談義を暗記し、あるいはほかの課せられた仕事を果たしなさい。適時となれば、説教師、またはほかの地域にある教会の仕事をもこなせることができるようになりなさい。教会の中で奉仕しつつ、心穏やかに死を待ちなさい(29)。

同宿は修道院内の奉仕に加えて、司祭の補佐役として共に地方の人々を訪ねる。ヴァリニャーノは彼らに対して、将来司祭に代わり説教ができるようにと命じている。前述の史料40で示したように、イエズス会では修道士が不足していたため、日本人から聖職者であるかのように捉えられている同宿は、宣教には不可欠な奉仕者であった。

さらに、ヴァリニャーノは同宿に、日本人であればこそ理解できる日本の礼儀作法に精通するよう命じている。

史料43：「同宿規則」第五項目

立居振舞いに注意しなさい。教養ある日本人が大事にしている伝統と慣習を熱心に学び、それを遵守しなさい。司祭のみならず、修道院の修道士やほかの者も、日本の伝統を学び守りなさい。外部のすべての人々に、その社会的地位に応じて、あらゆる点でしかるべき尊敬と丁重さをもって応対し、いかなる厚かましさも無作法をもなさないように心掛けなさい。[30]

ヴァリニャーノは、日本社会で最も重視される儀礼慣習を遵守せよと、同宿に命じている。彼は修道院の内外に関わらず、日本イエズス会会員が礼儀作法に適った立居振舞いをすることに全力を注いだ。彼は『日本巡察記』の中で、イエズス会総長メルクリアーノに「遵守すべきことは、礼儀正しい態度であり躾けをよくし、修院内部の者相互間においても、外部者に対しても礼節を尽くして応対することである」と報告している。[31]

原文史料には、"*Catanguis*"の厳守、すなわち「慣習」を守るよう明記されている。[32] ヴァリニャーノは、同宿の立居振舞いが礼儀正しくあることを第一として、ついで日本の伝統や儀礼に関してはその見識者になるよう勉学に励むことを命じた。同宿がなすべきイエズス会に対する使命はといえば、日本人としてヨーロッパ人では計り知れない、あらゆる日本の諸事情に対応できる最適な助言を、ヴァリニャーノや上位者に提供することである。したがって彼らの役割は、適応主義に基づく宣教方針を根底で支えるものであった。

ヴァリニャーノは、「同宿規則」第五項目に示されている同宿の社交的奉仕に加え、以下のようなキリスト教信者としての精神的奉仕についても命じている。

史料44：「同宿規則」第六項目

朝の起床と共に三〇分間祈りなさい。就床の前には、黙想、あるいはロザリオの祈りを唱えなさい。良く心に思いをめぐらし、毎月主任司祭によって選ばれた聴罪司祭に告白しなさい。その司祭はあなた担当の司祭ではないかもしれないが、その月の間はその司祭に、あるいはほかの司祭に告白しなさい。さらに、聴罪司祭が助言した時には聖体拝領をしなさい。(33)

巡察師は、同宿がなすべき日課として祈ることを命じた。

同宿は修道院に住み、司祭や修道士の補佐、身の回りの世話、食事、そして清掃などの生活全般に関わる奉仕に加えて、修道院に住む者として精神的修練が課せられた。巡察師は「同宿規則」第一項目で、同宿たちを「教会の息子」"filhos da igreia"と呼んでいることからも、イエズス会に属する者として、祈りによって悔改めることや魂の救いを学ばせたのである。

ヴァリニャーノは、同宿の中から茶の湯者"chanoyuxa"と称するイエズス会の茶の湯担当者を選抜し、修道院内において日本の習慣に適う接客態勢を整えた。この重大さについて、彼は『日本巡察記』第一五章「同宿とその性格、並びに日本においてこれを欠くことを得ない理由」の中で次のように説いた。

史料45：『日本巡察記』

この同宿は我等にとってはきわめて有利、かつ必要であり、（中略）言語や風習は我等にとって、はなはだ困難、かつ新奇であるから、これらの同宿がいなければ、我等は日本で何事もなし得なかったであろう。（中略）茶の湯の世話をするのも彼等である。茶の湯は日本ではきわめて一般に行なわれ、不可欠のものであって、我等の修院においても欠かすことができないものである。[34]

ヨーロッパから派遣されたイエズス会宣教師が、日本で宣教を実施するためには、儀礼、習慣、そして言葉など、心得ておくべき日本独自の文化がある。ヴァリニャーノはこの問題を解決するために、同宿をイエズス会士の補佐役に当て、宣教の向上を図った。

史料には、同宿が茶の湯を担当すると明記されている。松田毅一氏によれば『日本巡察記』は、在日イエズス会宣教師の最高監督者の地位にあるヴァリニャーノが、ローマのイエズス会総長に宛てた機密に属する報告書である。[35]そうであるならば、史料四五は、彼がいかに茶の湯によるもてなしを重視していたかを示した記述で、イエズス会と日本人の接点に日本の儀礼に通じた同宿を投じるという、適応主義を用いた宣教の一つの例である。

〇日本イエズス会第二回総協議会

一五九〇年（天正一八）八月一三日、日本イエズス会第二回総協議会がヴァリニャーノの命令のも

と加津佐のレジデンシアで開催され、以下の司祭が参集した。(36)

史料46：「日本イエズス会第二回総協議会」

パードレ・アレハ《［ママ］》ンドロ・ヴァリニア《［ママ］》ーノ　巡察使《［ママ］》
パードレ・ペドロ・ゴメス　豊後の上長、準管区長として襲任
パードレ・オルガンチィーノ　都地区長
パードレ・メルチョール・デ・モラ　下《シモ》地区長
パードレ・フランシスコ・カルデロン　府内のコレジオ院長、現在、有家《アリエ》に在住
パードレ・ペドロ・ラモン　臼杵《ウスキ》修練院院長兼修練長《マエストウロ》、現在、大村に在住
パードレ・アルフォンソ・デ・ルセナ　大村のカサの上長
パードレ・アントニオ・ロペス　長崎のカサの上長
パードレ・フランシスコ・ラグナ　有馬のカサの上長
パードレ・アロンソ・ゴンザレス　天草のカサの上長
パードレ・クルストバル・モレイラ　加津佐のカサの上長
パードレ・ダミアン・マリン　セミナリオの上長
パードレ・ホセ・フォルナレート　五島のレジデンシアの上長
パードレ・フリオ・ピアニ　外目《ホカメ》のレジデンシアの上長

パードレ・セバスチァン・ゴンザレス　内目《ウチメ》のレジデンシアの上長
パードレ・エヒディオ・マタ　日見《ヒミ》、矢上《ヤガミ》のレジデンシアの上長
パードレ・ゴンザロ・レベーリョ　口ノ津のレジデンシアの上長
パードレ・フランシスコ・ペレス　島原のレジデンシアの上長
パードレ・アントニオ・フェルナンデス　千々石《チヂイワ》のレジデンシアの上長
パードレ・フランシスコ・パシオ　栖本《スモト》のレジデンシアの上長
パードレ・バルタサール・ロペス　大矢野《オオヤノ》のレジデンシアの上長
パードレ・ファン・デ・クラスト　日本準管区会計係《プロクラドール》
パードレ・ルイス・フロイス　準管区長の同僚
パードレ・セルソ・コンファロネーロ

この総協議会では、イエズス会運営に関する一四項目の課題が討議された。以下、諮問第五「上長および他のパードレたちが必要な奉仕者と世話係を備えるため且つ華美と地位の誇張を一切控えるために取るべき方法について」から、第二項を挙げ、イエズス会がいかに同宿の働きを必要としていたかを明らかにする。

史料47：「日本イエズス会第二回総協議会」諮問第五第二項

日本にはヨーロッパのものとは全く異なった正反対の慣習があり、パードレたちは異質の別個の

聖役、聖務、生活方法を有し、またヨーロッパで有していたものとは別種の奉仕者、別種の処理方法や奉仕方法が必要であるので、以下の理由により、これ（同宿――引用者注）を決して避けることができなかった、と全員一致した。[37]

参加者全員は同宿の奉仕が不可欠であることに賛同した。

その第一の理由は、司祭や修道士たちが地方へ巡回する際に奉仕者が必要となるためである。同宿は司祭が日本人に福音を伝え、秘蹟を授け、時には葬儀を執り行なうなどという司牧活動を行なう際に補佐役として同行する。議事録には、「ヨーロッパにおいては全く余計な一種の所有物の如き諸種の用具を携行しなければ、これを果たすことは断じて不可能である」と記されている。これは前述の第三章第二節の中で示したように、当時の宣教師らが教会のない地方の人々を訪問する際には、そこでミサを捧げるために、携帯用の祭壇を持ち込むことが通常であった。したがって、同宿の祭壇を携えて司祭に同行するという奉仕は、イエズス会には大変重要なものであったことがわかる。

第二の理由は、司祭は不慣れな土地に赴くため、同宿が道案内役や旅行中の食事や宿の世話係として不可欠であった。[38] 以上に加え、同宿の必要性を示す第三の理由があった。

史料48：「日本イエズス会第一回総協議会」諮問第五第一項目、第三の理由

カサおよび住民との交際で、またパードレのいる場所へ様々な用件のために集まってくる客人、来客との絶え間ない会合で用いられる日本の慣習、礼儀、儀礼の方法に由るものである。パード

レにとっては彼らの方法で接待しなければならず、このためには決して避け得ざる接待係が必要である。然らざれば、我々は野蛮、無作法な者と見なされキリスト教徒自身から見離されて、日本で意図している霊魂救済の目的を達成することはできない(39)。

本協議会では、ヴァリニャーノの最終的裁決に先立ち、代表委員に選出されたゴメス、オルガンティーノ、カルデロン、そしてフロイスの四名によって、これまで議論されてきた諮問に関してさらなる検討が行われた。

以下の史料は、ヴァリニャーノによる、日本人の奉仕者はイエズス会のために不可欠という「裁決」である。

史料49：「日本イエズス会第一回総協議会」諮問第五「上長その他のパードレおよび日本のカサの聖役補佐役と世話係に関する裁決」

カサで必要な清潔を保ち、客人、および日本の方法、慣習に従って我々のカサへの来訪者の歓待に携わり得るためにカサに必要な奉仕や人々に関しては、この業務に携わるイルマンが極度に不足しているので、レジデンシア（修道院——引用者注）の拠点である主要なカサの一つに対し三名ないし四名までの同宿は避けられない、と我々は判断した。カサの上長と同行するためには以上の同宿から一名を定め、これら同宿以外に、隠居して世間的儀礼から引退し常に思慮分別があってかなりの年輩者である者が日本で慣習としているような剃髪者二名が必要である。この中の一名は茶の湯《チャノユ》、キリスト教徒の接待、および彼らの伝言を上長へ伝える世話係とする(40)。ヴァリニャーノは、日本の儀礼に基づく接客態勢を命じるにあたり、レジデンシアの拠点であるカサに同宿をおき、特に重要な修道院には、三~四名の同宿が不可欠であると判断した。高橋裕史氏によれば、当時下《しも》、豊後、都の各地区にはレジデンシアが設けられており、たとえば都地区では高槻、堺、河内などに建設された(41)。

巡察師は日本の慣習にしたがい、儀礼に精通し聡明な同宿二名を茶の湯者と受付担当者に配置するなど、訪問者に接する同宿の選抜にはきめ細かい指示を出した。規模が小さいレジデンシアにおいても、茶の湯の世話のために剃髪者一名の配置を命じている(42)。このように、ヴァリニャーノが宣教方針の中で茶の湯者を選抜し、茶の湯による接客を定めた背景には、当時、都や堺の都市を中心とする武士階級から町人の間で、茶の湯によるもてなしが習慣になっていたことがあった。

千利休の茶の湯の弟子、山上宗二の『山上宗二記』には、「その比《ころ》、天下に御茶湯仕《つかまつ》らざる者は人非仁《にんぴにん》に等し。諸大名は申すに及ばず、下々洛中洛外《しもじもらくちゅうらくがい》、南都、堺、悉く町人以下まで、御茶湯を望む」とある(43)。京の都、堺、奈良などの都市では、すべてといっても過言でないほど、人々の間で茶の湯が流行した。ヴァリニャーノは、茶の湯がイエズス会のレジデンシアがある都会で盛んであることを踏まえ、そこに、同宿の中から茶の湯者に適した儀礼に詳しく品位を兼ね備えた者を送り込んだのである。

次に、巡察師がイエズス会の茶の湯者、同宿に求めた姿勢について、彼のいわんとする適応主義の真髄を検証したい。以下に示す史料は、ヴァリニャーノが一五八三年（天正一一）に作成した『日本イエズス会士礼法指針』である。この史料は巡察師が日本イエズス会会員に対して示したもので、日本の風習や儀礼に適する宣教を展開するための指示書である。

史料50：『日本イエズス会士礼法指針』第四五項目

それからすべてのカザには、清潔で、しかもよく整頓された茶の湯（湯を飲む場所）を設け、またカザにいつも住んでいて、しかも茶の湯についてなにがしかの心得のある同宿または他のだれかを置かなくてはならない。殊に立派なひとびとの集まるところではそうである。そして訪問者の身分に応じて接待を行なうために、二、三種類の茶（ある種の草）、即ちひとつは大変上等なもの、その他はこれより質の落ちるものを備えなくてはならない。そして茶の湯の世話をするひとは、そこでは手仕事をすべきではなく、読み書きや茶を碾くこと、茶の湯に関係のあることをするようにしなければならない(44)。

この規則は、ヴァリニャーノの説く茶の湯者の心構えと茶室のあるべき環境で、修道院への訪問客に対して茶の湯による接待の態勢作りが示されている。史料49には、修道院に要する茶の湯者や接客担当者の人数が明記されていたが、この史料では茶室のあるべき姿と訪問者の身分にしたがった振舞いについての具体的な指示がみられる。

ヴァリニャーノはすべてのカサには、隅々まで清掃された茶室を設置するよう命じている。彼は日本人が清潔さを重んじる国民であり、したがって、すがすがしい場所で接待することは、日本の風習であると理解していた。『日本巡察記』には、「第一は清潔に生活することである。（中略）一切のものを日本の風習通りに清浄にせねばならない。日本においてこれは非常に重要なことであり、不潔さは日本人には絶対に堪え難いことである（45）」という、適応主義のあり方が示されている。

「殊に立派なひとびと」とは、有力領主や権力者を示しており、ヴァリニャーノは彼らの屋敷近くに建てられた修道院に対して、茶室を設け、茶の湯者を常駐させるよう、さらなる指示を与えた。たとえば、織田信長が有する安土城下には、信長から拝領された土地にイエズス会修道院が建てられ、院内には清潔な茶室が設けられた。フロイスは安土城下には、信長の命令にしたがい、日本中より有力な武将が移り住み、これに伴い人々が行き交う盛況した「市《まち》」となったことを報告している（46）。イエズス会は宣教活動を促進させる上で、安土が最も適していると認識し、オルガンティーノを信長の元に送り、修道院を建てる敷地を懇願した。これに対して信長は、彼の切なる願いを聞きいれ、安土城の近くに修道院が建てられたのである（47）。

さらにヴァリニャーノは修道院に「二、三種類の茶」を常備するよう命じている。それは「ひとつは大変上等なもの、その他はこれより質の落ちるもの」であり、訪問者の身分に応じて使い分けるようにとの指示である。

「茶の湯の世話をするひと」、つまり同宿の中から選抜された茶の湯者は、茶の湯関連の奉仕に集中するよう命じられている。史料が示すように「そこでは手仕事をすべきではなく」と、ヴァリニャーノは、茶の湯者が茶室で茶の湯以外の仕事をすることを禁じている。茶室に関する規則については、本章第三節の中の表2にて示す。

以上、ヴァリニャーノが遂行した宣教方針の中に、茶の湯という日本の接客方法が組み込まれており、これをイエズス会の奉公人、同宿が担当していたことを明らかにした。同宿は司祭や修道士の補佐役、食事の世話、教会や修道院の清掃、そして日本人への接客など、同会の運営全般を担当した。ヴァリニャーノは同宿の中から茶の湯者を選抜し修道院に常駐させて、訪問者に対して茶の湯による接待ができるよう、茶室や茶道具の管理、そして抹茶の常備に至るまで茶の湯全般に関わる業務を担当させた。したがって、日本イエズス会の運営には同宿の存在は欠かせないと、ヴァリニャーノとイエズス会会員は認識していたのである。特に、日本人は礼節を大切にする国民であることを理解した巡察師は、イエズス会会員に対し、日本の礼儀作法や習慣を学ばせた。ヴァリニャーノは同宿に、上流階級が用いる日本の儀礼や教養を身に付けさせ、イエズス会士が日本社会に適応した方法で、主権者や領主と対応できるよう補佐役を担わせたのである。

このほかにも、巡察師は同宿がイエズス会の奉仕者にふさわしく育つよう、精神的修練を行わせた。同宿に日本の儀礼と修道院生活で培われる修練の精神的核という、両者を兼ね備えた人物となることを、ヴァリニャーノは求めた。その中でも茶の湯者に選ばれた同宿には、茶の湯が重んじる相手を敬することや、清寂さという精神的核を心の内に備えるよう願ったのであろう。

以上のことにより、同宿の内には茶の湯の修行と修道院内の修練の精神が相伴いながら育まれ、両者が示す精神性を鍛えるという共通した部分について、日本イエズス会の茶の湯者であればこそ、それゆえに修道院内で茶の湯が行われたのである。したがって修道院を訪れ、茶の湯による接客を受ける客が感じ取りうるものは、同宿の茶の湯の所作に示される精錬された身のこなしや、慈しみ深く、泰然とした姿勢であった。このような同宿の在り方こそが、ヴァリニャーノの理想とする宣教方針であり、修道院を訪問する日本人に対して、同宿が振舞う茶の湯による心からのもてなしであった。

第二節　イエズス会修道院内の茶の湯によるもてなし

本節では、イエズス会修道院内で行われていた接客の実態について、ヴァリニャーノが作成した報告書、規則書、指針などを史料に挙げて明らかにする。特に、彼が宣教方針の一つに採り入れた茶の湯によるもてなしを検証する。あわせて、ヴァリニャーノが日本人に見合った接客を重視していたことや茶の湯に関する深い知識をもっていたことを論証する。

○イエズス会修道院の受付係

はじめに、「日本管区規則」に収録されている「受付規則」を挙げ、彼が受付担当者に求めた応対方法を明らかにする。当規則は全部で七項目にわたり、訪問者への適切な対応が示されている。「受付規則」の全文は、巻末に史料として掲載した。

史料51：「受付規則」第五項目

伝言を携えて来たすべての方々、修道院を訪れる方々に対して、失礼のないように対応しなさい。丁寧に、礼儀正しく、教養のある話し方をしなさい。お客様の社会的地位に応じて、日本の慣習と伝統にしたがいなさい。思いやりなく、また教養のない、あるいは厚かましく気取った態度は控えなさい。女性に対して長々とふさわしくない会話は慎みなさい(48)。

受付は同宿が担う奉仕の一つであった。これは本章第一節で、日本イエズス会第一回協議会の議題第一六項を史料40の中に、同宿の責務の一つに「伝言の受領者伝達者」と示されていることから明らかである。ヴァリニャーノは彼らに日本の慣習に基づき、修道院を訪問する人々の身分に適応した接客を命じている。

受付担当者は訪問者が最初に出会うイエズス会関係者であるため、彼の対応次第で同会の印象が左右される。ヴァリニャーノは彼らに対して、客人に好感を与えるよう身を整え、話し方や態度にも充分注意を払うよう命じたのである。

以下の史料にも、同宿が受付を受け持っていることと、その応対手順が示されている。

史料52：『日本イエズス会士礼法指針』第三〇項目

なにか伝言を持ってやって来るひとと最初に話をしに行く門番の役目を（中略）同宿か、有髪のひと（すなわち俗世を棄てるしるしの頭髪を切るということをしていない）であってもいいから、カザのだれかほかの者が、この仕事をしなくてはならない。そしてこのことをした者は、パードレかイルマンに、やって来たひとが誰であるかを知らせ、ついでイルマンがそのひとに会いに行くか、伝言を受けに行くかするであろう。(49)

受付担当者の奉仕は上級者にあたる司祭、あるいは修道士に来客の身分や訪問の目的などを知らせることである。これを受けた修道士は客人に会うために受付所まで赴き、必要に応じて用件を司祭へ取り次ぐ、とする。以下の規則も、受付担当者に対する接客手順である。

史料53：「受付規則」第二項目

外部者、またはある方の伝言を届けに来た方を特別に歓迎しなさい。もてなしの責任者である修道士に、このことをしっかり取り次ぎなさい。そうすれば、彼はなすべきことを命じ、修道院長にこのことを伝えるであろう。担当の修道士が不在の場合には、応対した者自身が修道院長にこのことを伝え、また修道院長がお客様を知らないならば、その方の社会的地位を知らせなさい。(50)

これがヴァリニャーノが定めた受付担当者の使命で、イエズス会修道院における接客態勢である。

受付担当者は巡察師の指示にしたがい、作法に即して客人を迎える。なぜならば、ヴァリニャーノが認識した日本人とは、東洋やヨーロッパの人々にまさるとも劣らぬ礼儀正しい国民だからである。彼は同じく『日本巡察記』の中でも、「日本人は、全世界でもっとも面目と名誉を重んずる国民であると思われる。（中略）もっとも下級の職人や農夫と語る時でも我々は礼節を尽くさねばならない」と記述している。[51] ゆえに、ヴァリニャーノは、受付担当者に対して、イエズス会の修道院や教会を訪問する日本人の身分に適応しつつ、すべての客人に礼儀を尽くすよう指導したのであった。

〇イエズス会修道院における茶の湯の準備

以下に「客のもてなし方規則」を史料に挙げ、巡察師がイエズス会に求めた具体的な接客準備と心構えを明らかにする。

史料54：「客のもてなし方規則」第二〇項目

年間を通して充足供給できるだけの茶を品質別に三種類確保しなさい。身分の高いお客様には非常に良質のものを、一般のお客様には並のものを、そして日常的にはさらに品質の低いものを用いなさい。すべて適切に保存し、茶の湯者は月に一度、必要な量をきちんと把握しなさい。[52]

ここでは史料50以上に、抹茶の振舞いについて具体的な指示が記されている。規則の冒頭で「一年間充分に供給できる」と記されていることから、まずイエズス会の修道院では一年を通してほとんどの訪問者に対して、茶の湯によるもてなしを基本としていたことが裏付けられる。

ヴァリニャーノはイエズス会修道院の収蔵庫に茶の品質にしたがい保管するように命じた。この規則によれば、賓客には良質を、一般客には並を、日常用には普通をという抹茶の品質を示す記述がみられ、イエズス会が抹茶の品質を理解していたことを表している。抹茶についてはロドリゲスが茶の品質にしたがい、「極上」、「別儀《べちぎ》」、「極揃《ごくそそり》」、「別極揃」という四つの名称に区別されていることを記録に残している。[53] このように両者の記述を踏まえると、本規則はロドリゲスから抹茶の品質について報告を受け、ヴァリニャーノが作成した可能性もある。

「日常的に使うための」という記述は、茶が司祭のためにも振舞われていたことを示す。このことは、以下の史料から裏付けられる。図1は、大阪に所在する南蛮文化館所蔵の「南蛮屏風」の六曲一双の右隻で、図1―1は右隻第四扇の一部分を拡大したものである。この屏風は一九六一年（昭和三六）に大阪府堺市の旧家から発見されたもので、狩野永徳の子光信一門の作と考えられている。[54] そこには日本風のイエズス会修道院の内部や庭の様子、さらに宣教師や貿易商人などが行き交うにぎやかな町の様相が描かれている。屏風の中央に注目すると、そこには瓦葺屋根の上に十字架が掲げられ、その下では、司祭が同宿に教えを施しているところに、右側からもう一人の同宿が紅い天目台に茶碗をのせて運んでくるという修道院内の場面が描かれている。

この構図について、高見沢忠雄氏は以下のように解説している。

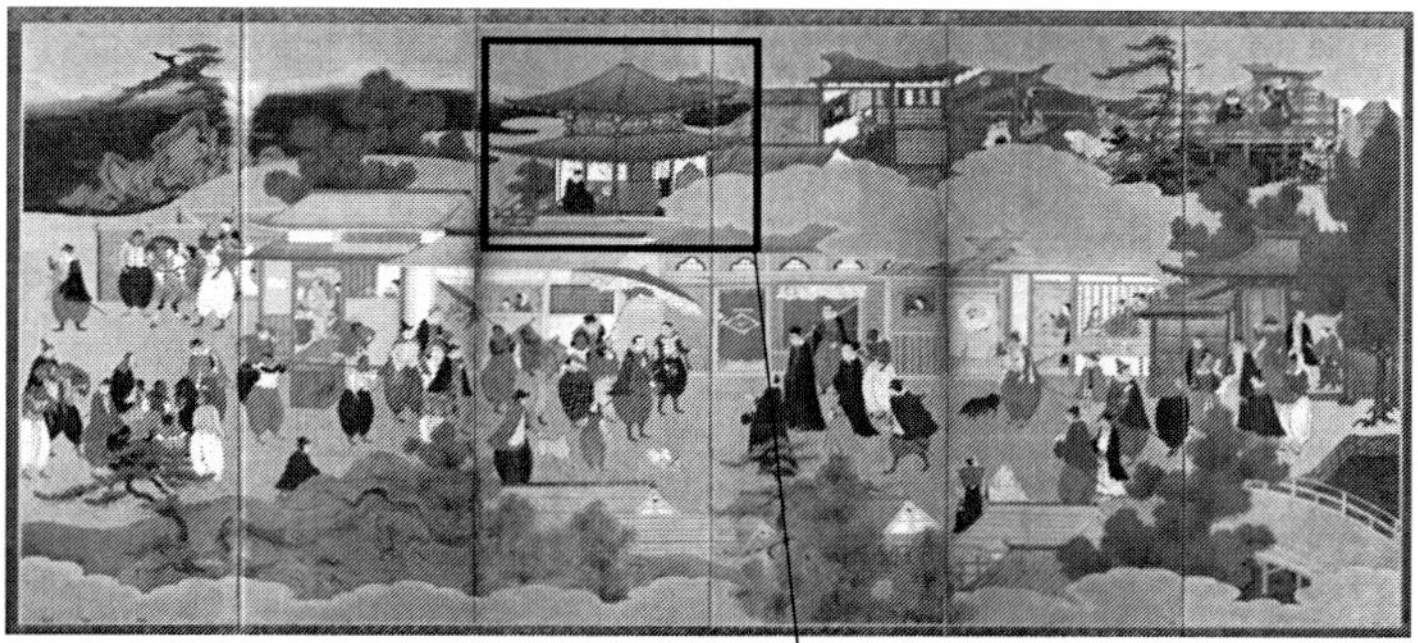

図１　南蛮文化館所蔵「南蛮屏風」右隻

図１－１　同　右隻第四扇（部分）

左方の亭の中ではイェ(ママ)ズス会の宣教師と一人の日本人の修道士――同宿catechistaといわれ、伝道の手伝いをする人――が欧文の教理書を手にして問答している。その後方からもう一人の同宿が茶を運んでいるが、当時の教会には茶室があり、茶人もいたことがわかる。[55]

図1には、青色で日本風に仕立てられた青い衣服を身に付けた同宿が、司祭の前に座っており、そこへ黒い衣服を着た同宿が茶碗を運んでくる様子が描かれている。本章第一節では、日本イエズス会第一回協議会の議題第一九「裁決」を史料37に挙げ、同宿の着物は青色、胴服は黒色として、修道士よりも丈が短く日本風であることを明らかにしたが、このことは屏風にもみられる。さらに屏風には緑色の畳と襖、そして格子がはめられた窓が描かれ、日本家屋に則した屋敷であったことがわかる。

イエズス会では茶の湯にて、訪問者を接客するための万全な準備がなされていた。以下に挙げる「日本管区規則」に収録の「茶の湯者規則」には、ヴァリニャーノが茶の湯者に命じた抹茶の管理について示されている。当規則は三つの小題に分かれ、最初の定めは、ヴァリニャーノが茶の湯者に対して説く七項目の日課である。続く「禁制」には、茶室の中で禁じられている八項目の行為が記されている。最後の「茶の湯に必要な最低限の道具」は、茶道具や小物など三四個におよぶリストが掲載されており、イエズス会が目指した茶の湯がかなり本格的なものであったことがわかる。本規則の全文は、巻末に史料として掲載している。

史料55：「茶の湯者規則」第三項目

二、三日分の抹茶が保たれているように注意を払いなさい。抹茶が足りない場合、彼自身が補充できないならば、茶を挽く者に知らせなさい[56]。

この規則にも史料54同様、イエズス会では抹茶が常備され、修道院への訪問者と司祭のために、茶の湯によるもてなしの態勢作りがなされていたことを明らかに示している。規則には同宿またはほかの者が茶の葉を茶臼で挽き、抹茶を補充せよとのヴァリニャーノの指示が明記されている。当時、茶人は一年分の茶の葉を茶壺に保管し、抹茶を点てる時にはこの葉を茶臼で挽いて使っていた。この様子はロドリゲスの『日本教会史』に「それはまず干すか焙るかした葉を、小さくてすこぶるよく出来た黒い石の臼で、細かい殼粉のように緑色の粉末に碾く」と記されている[57]。このようにイエズス会の茶の湯も、日本人と同様、茶臼をひいて抹茶を作るという、茶の湯に対する真剣な取り組みがうかがえる。

次頁図2は「茶の湯に必要な最低限の道具[58]」で、イエズス会所持の茶道具である。この図を道具の種類ごとに整理し、活字表記にしたものが表1である。

図2に示す道具リストは、修道院内では一通りの茶の湯によるもてなしが可能であったことを示している。この図が示す数々の道具からもわかるように、ヴァリニャーノはイエズス会修道院内に本格的な茶の湯の体制を確立したのである。

茶の湯道具は宣教を展開するための貴重な備品である。修道院内の茶室で日本の儀礼慣習に則った

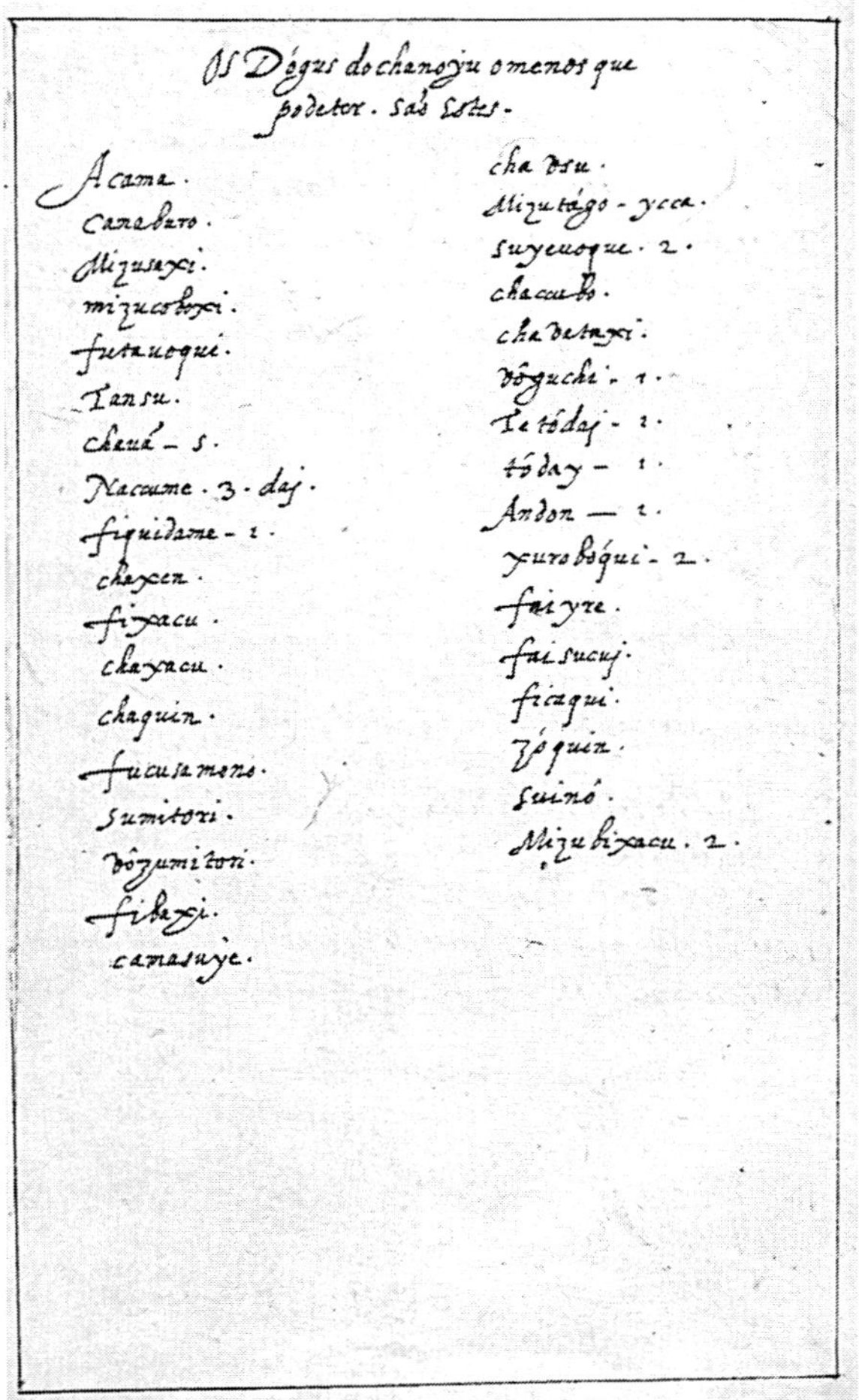
Os Dógus do chanoyu o menos que
pode ter. Saõ estes.

Acama.
Canaburo.
Mizusaxi.
mizucoboxi.
futauoqui.
Tansu.
chauã – 5.
Nacame . 3 . daj.
fiquidame – 1.
chaxen.
fixacu.
chaxacu.
chaquin.
fucusamono.
sumitori.
fôzumitori.
fibaxi.
camasuye.

cha usu.
Mizutágo – ycca.
suyeuoque . 2.
chacuabo.
chadetaxi.
vôguchi . 1.
Tetôdaj – 1.
tôday – 1.
Andon — 1.
xurobôqui – 2.
faiyre.
faisucuj.
ficaqui.
Zôquen.
Suinô.
Mizubixacu . 2.

図２　「茶の湯に必要な最低限の道具」（Os Dógus do chanoyu o menos que pode ter. São estes）ローマイエズス会文書館所蔵（Archivum Romanum Societatis Iesu）

炭手前道具	茶の湯点前道具	水屋道具	その他の道具
sumitori 炭斗	A cama 釜	voguchi-1 大口(1)	tetodai-1 手燈台(1)
vozumitori 大炭斗	canaburo 金風炉	mizutago-ycca 水たご	today-1 燈台(1)
fibaxi 火箸	chaua-5 茶碗(5)	chaccubo 茶壺	andon-1 行燈(1)
faiyre 灰入	chaquin 茶巾	chavsu 茶臼	tansu 簞笥
faisucui 灰匙	chaxen 茶筅	chavataxi 茶ばたき	suino 水嚢
camasuye 釜すえ	chaxacu 茶杓	zoquin 雑巾	xuroboqui-2 手炉箒(2)
	fiquidame-1 挽溜(1)	ficaqui 火かき	mizubixacu-2 水柄杓(2)
	naccume 3dai 棗(３台)	suyeuoque-2 すえ桶(2)	
	fucusamono 帛紗物		
	mizusaxi 水指		
	mizucoboxi 水溢		
	fixacu 柄杓		
	futauoqui 蓋置		

表１　茶の湯に必要な最低限の道具

もてなしを行うためには、道具の種類と数が必要であった。

これらの茶道具は、茶の湯者の管理下にあった。以下は、ヴァリニャーノが茶の湯者に命じた道具の管理方法である。

史料56：「茶の湯者規則」第七項目

託された全道具の明細目録を保管し、誰かほかの者が任務を引き継ぐ際に渡しなさい。さらに、これらの品々を書きだして掲載しなさい(59)。

イエズス会では茶道具が帳簿によって厳密に管理され、茶の湯者が任務を交替する際の申し送りは欠かせないものであった。

次なる史料からは、ヴァリニャーノの徹底した接客に対する姿勢がうかがえる。

史料57：「客のもてなし方規則」第七項目

担当者は来訪者を迎えるにあたって、職務上必要とされる道具を保管するために、鍵のかかる個人用の収納庫を持つものとする。保管されている道具については、記録簿に記入しなさい。この道具はお客様をもてなす以外に使用してはならず、また道具の紛失に注意を払い、紛失した道具については修道院長に知らせ、新しい道具を購入してその補充をしていただくよう申し出なさい(60)。

史料によれば、修道院内には鍵がかかる接客道具用の収納部屋が設けられており、接客担当者は道具を帳簿に記して管理していた。日本では、客用の食器類は日常のものと完全に区別され、不意の客にも対応できるよう、常に品質の管理と充分な数が収蔵されている。ヴァリニャーノはこれと同じように、接客担当者に対して常時適切なもてなしが可能な道具の種類と数を整えさせた。

次の史料もイエズス会の道具管理態勢を示すもので、ここでは特に所蔵道具が火事によって損失されないよう、茶室における整理整頓と火の始末が命じられている。

史料58：「茶の湯者規則」第六項目

夜には修道士の命令に応じて、茶道具を整理整頓し、火の用心と災害防止に努めなさい(61)。

ここでは所蔵道具が焼失しないよう、茶室の片づけと火の始末が命じられている。整理整頓は修道生活においても規律を通して鍛えられ、日本人が特に配慮する清潔や整然さにおいて、はからずも生活習慣において共通していた。

ヴァリニャーノは、ヨーロッパ文化に育まれた修道士たちが日本に滞在する中で、当地に適応した生活規範を選んだのである。日本人とイエズス会の生活環境はそれぞれ異なるが、両者の生活基盤には生活環境を整えるという共通点があった。これを踏まえれば、巡察師が日本宣教を意図する際に、日本人が作法として生活の一部にしている茶の湯を宣教方針にそぐわしいものと考えたことは理に適っており、そこに適応主義の可能性を見いだしたのではないだろうか。

これまで提示した史料には、ヴァリニャーノが茶の湯者や接客担当者に命じた、抹茶の常備や茶道具の管理に至るまでの万全な備えが明記されていた。茶の湯の準備に関する史料は、ヴァリニャーノが宣教を成功させる方策として、茶の湯による接待という当地の儀礼をイエズス会の方針に組み入れ、日本人との交流を計っていたことを物語っている。次にその実態についての詳細を、ヴァリニャーノが示した修道院や教会の設計から明らかにしたい。

○イエズス会修道院・教会に設置された茶室と座敷

『日本イエズス会士礼法指針』第七章「日本において我々のカザ並びに教会を建築するにあたってとるべき方法について」は、ヴァリニャーノが理想としたイエズス会施設の設計である。彼は修道院を訪れる日本人に対し、茶の湯による接客ができるよう抹茶や茶道具を整えると同時に、イエズス会施設についても本格的な日本建築にそって建設するように命じている。この指針の第一四九項から第一五八項には、各修道院の目的に応じて一〇の条件が示され、最後の第一五九項目ではその条件が遵守されるようにという、ヴァリニャーノの再度に渡る命令が明記されている。

彼は、イエズス会の施設が、日本人の用いている建築法によって建てられた家屋であるべきことを、以下のように述べて日本の生活習慣を重んじる必要性を日本布教への第一の条件とした。

史料59：『日本イエズス会士礼法指針』第一四六項目

他のすべての事柄において、日本人の振舞い方、並びに彼等の習慣に適合させる術を知っているということが必要であるように、我々は教会やカザの建築にあたってもそうしなければならないのである。なぜならば、この点において、日本人のとっている建築法を無視するならば、日本人と付き合うにあたって行なう礼儀、持て成しを遂行することはできないからである。建物の点でもまた我々が悪い建築物をもっているように思われ、黙想やその他の必要な行事にとってと同様に勤めにとっても多くの不便が生ずるのである。(62)

この史料が示す「日本と付き合うにあたって行う礼儀、持て成しを遂行する」ということの一つは、茶の湯による接客であり、ここでは座敷と茶室が接客の場であることを意味する。すなわち、修道院に茶室を設けなければ、日本人に適した接客ができないと、ヴァリニャーノは主張しているのである。彼は日本人が心地よく訪問できるように、日本建築の条件を満たす修道院や教会を建て、イエズス会に良い印象を抱いてもらえることに神経を注いだ。

さらに「我々が悪い建築物をもっているように思われ」とは、修道院の建物が寺社より劣ることで、イエズス会の社会的地位が落ちて日本人から悪い評価を得ることを意味する。ルイス・フロイスは『日本史』の中で、京の都に建立された修道院について、以下のように伝えている。

史料60：『日本史』

だがそれはすでにはなはだ古くなり、汚れ腐蝕していたので、異教徒や高貴な人々が、我らの修道院であるから、仏僧たちの寺院や彼ら同国人の僧院に劣ってはいまいと考えて我らの修道院を訪ねて来る時に、キリシタンたちは恥ずかしい思いがした。(63)

当時のイエズス会の修道院や教会は、粗末な造りをしていたために日本人（異教徒）から侮られ、キリシタンたちは恥ずかしい思いで修道院を訪れていた。

そこで、京都に滞在していたフロイスとオルガンティーノは、五畿内の主だったキリシタンたちと相談して、そこに新しい教会を建立する運びとなった。フロイスは南蛮寺と呼ばれた教会建設の様子について、「彼らは、時が経つうちに、来客を迎接するための別の居間を作ることで、いっそう多くの喜捨を行なった」[64]と、キリシタンたちからの資金や物資的支援によって、教会内に客間が設けられたことを報告している。

五野井隆史氏は南蛮寺の発掘調査報告から、「一九七三年（昭和四八）には、同志社大学の考古学研究室が南蛮寺跡の遺跡調査を実施、美濃焼茶碗などが出土した。かつて南蛮寺内に茶室があったことが窺い知れる出土品である」と述べている。[65]フロイスの記録と遺跡調査報告は、当時都に建立されたイエズス会の教会内で茶の湯による接客が行われていたことを示す史料である。

一五七六年（天正四）、イエズス会と信者たちの念願であった教会が、都の中心部に建立された。南蛮寺の所在地は京都の四条坊門姥柳町《うばやなぎちょう》で、現在の住所でいうと中京区蛸薬師通室町西入ルに当たり、京の都に調和した日本風の建物であった。一五七六年（天正四）といえば、ヴァリニャーノが来日する三年前の出来事であるが、イエズス会はすでに日本式建築を採り入れ、さらに異教徒の寺院仏閣に劣らない教会であることや、信者から受け入れられる建物であることを意識していた。

ヴァリニャーノはイエズス会総長に、「第一は都の街にあり、イエズス会員が非常によく設計した美しい日本風の建築である。ただしその建物は小さい。それは我等の地所が狭いからであって、その為に三階建となった」と、日本国内の教会や修道院に関して、都地区に南蛮寺が有していることを報告した(66)。彼は聖堂の建築設計には関わっていないが、その報告からは聖堂が日本の風土に釣り合った、イエズス会の格調高い建物として適うものであったことが明らかである。

新村出氏は建物内部の様子について、以下のように述べている。

様式は天守閣の如き日本式の木造三階建（西洋式に云へば二階建にあたる）であり、結構は一階が礼拝堂で三階には六つの壮麗な部屋があり住院にあてられ、内部の設備や装飾は西洋風に技巧を盡したものであったらしい(67)。

新村氏はほかの箇所において建物の外観について「浄土宗或は浄土真宗の寺院風(68)」と述べているが、これは日本建築であることを意味しているのであろう。同氏が示すように、教会堂はまさに城の天守閣のような外観を備え、日本の風景にもなじむ装いであった。

イエズス会の住居として使われた三階には、六つの壮麗な部屋が設置され、イエズス会士の生活空間として用いられた。新村氏によれば、内部の設備や装飾はヨーロッパ風の技巧であったと考えられている。しかし、フロイスの教会堂建設報告には、内部についても日本風の座敷が設けられていたことが次のように示されている。

史料61：『日本史』

一人のマルタという年老いた身分の高い寡婦は、金持でなかったにもかかわらず、自費でもって、百クルザード以上もかかった教会と司祭館のすべての畳《タタミ》の代金を支払うことを引き受けた。(69)

教会と司教館すべてに、畳を敷き詰めるという計画である。これが実際に実行されたことは、前述のヴァリニャーノが都の教会に関して総長へ宛た報告書に、「非常によく設計した美しい日本風の建築である」と記されていることから裏付けられる。ゆえに、教会と司祭館は巡察師の布教方針に見合った建物であったことが明らかである。

史料60に示した報告とは一転して、フロイスはこの聖堂が京都の名所になったと以下のように記録した。

史料62：『日本史』

教会が落成すると、いろいろの地方から、それを見物しようとして数えきれない人々が押しよせ、教会を見に来たこの機会に、彼らに対する説教がたびたび行なわれた。その結果、いつも成果と収穫があった。というのは、ある人々はキリシタンとなり、他の人々はそれぞれの国に戻ってその見聞を伝えたので、我らの主なるデウスの御名と、我らの聖なるカトリックの信仰は、日本の遠く距たった各地にまで弘まるに至った。(70)

一五七六年（天正四）八月一五日、教会の献堂式が行われ、オルガンティーノによってミサが捧げられた。八月一五日はザビエルが鹿児島に上陸した日で、教会は「被昇天の聖母マリア」と呼ばれた(71)。

教会は京都の名所の一つになり、人々はそこへ集まった。この輝かしい様子こそがヴァリニャーノが望むイエズス会の教会の姿であり、宣教活動には効果的な建物であった。なお、「都の南蛮寺」に設置されていたと伝えられている鐘は、現在京都の大本山妙心寺塔頭春光院に所蔵されている。鐘は日本風に青銅製で、表面には一五七七年とイエズス会の紋章IHSが刻まれている(72)。教会のシンボルともいえる鐘を日本の寺院と同様な形にするという、ここにもイエズス会の日本風土に順応した姿勢がうかがえる。

ヴァリニャーノの来日以降、イエズス会施設の建物は専門家の設計により進められることとなった。

史料63：『日本イエズス会士礼法指針』第一四七項

このために、今後はどんなカザを造る場合にも、先ず日本の上手な職人と相談し、彼の設計したところをやらせなければならない。なぜならば、その建築も我々がヨーロッパで用いているものとは非常に違っているように、我々のカザにおいて、外国人に対して行なわなければならない持て成し方も歓迎の仕方も非常に違っているのであるから、これまで造られたものによって経験を通して知っているように、我々は自分自身でこれらの建物の設計をすることはできないのである(73)。

ヴァリニャーノは施設の建設計画について、充分な計画のもと腕のよい大工と相談して、イエズス会の施設建設が着工されるよう指示を与えている。この指針からは、同会の宣教が適応主義に則したものであったことがわかる。
第四章二節では、ヴァリニャーノがイエズス会総長宛てに記した『東インド巡察記』を史料20、21、22に挙げて、日本の諸事情はヨーロッパとまったく異なっていると報告していたことを扱った。その上でヴァリニャーノは、日本に派遣されたイエズス会士がすべてにおいて日本の慣習を学ばなければ日本宣教は成功しないと、総長に助言していたことも明らかにした。彼は日本の建物が「ヨーロッパで用いているものとは非常に違っている」ことを理解し、その対処方法として日本の上手な職人に修道院の設計について相談するよう命じたのである。
ところが教会と聖堂の建設については、日本式ではなく、ヨーロッパの伝統を採用しなければならないと、巡察師は次のように説いた。

史料64：『日本イエズス会士礼法指針』第一五六項目

教会は我々ヨーロッパの慣習が保たれるように造るべきであって、聖堂は日本人がその寺社を造るにあたって習慣としているように、屈曲して建てずに、長く続けて建てるべきである。なぜならば、日本の寺社は悪魔の堂であり、我々のものはデウスの教会であるから、教会の形式にあっては日本の寺院を真似ることはふさわしくない。更に聖堂の両側には、扉を必要な時に開けば一切を一体にすることができるように、日本式に造られた座敷を設けなければならない。(74)

この指針はこれまでの設計とは一転して、ヨーロッパの建築に基づくというものである。

　ヴァリニャーノは、一方では日本の習慣に適応した積極的な宣教方針を打ち出したが、他方においてイエズス会の聖堂は「寺社」が用いる設計を採り入れてはならないと命じ、この点で異教徒の伝統に一歩たりとも歩み寄ることはなかった。彼は神社のように「屈曲」に建てられる聖堂を好ましくないと判断した。ところが当指針の後半で、ヴァリニャーノは再び日本式の扉や座敷を設けるようにと命じている。すなわち、これが日本の習慣や建築という表面的な部分を採用し、キリスト教の根幹に関わる領域に関しては認めないという、彼の布教方策における判断の規準である。

　この指針について、高見沢忠雄氏は「外部から見ると、日本の寺院建築様式に書院造りを加えたような構造であるが、『天主堂の内部は西欧の慣例を保存し、日本の寺院の幅広いのを止めて、礼拝堂は奥に長くするようにせよ』というイエ《（ママ）》ズス会の指針があったので、そのようにできている」と見解を述べている(75)。

ルカ・デ・レンゾ師は、当史料にみるヴァリニャーノの判断について、以下のように解説している。

　他宗教の建物を「悪魔の堂」と呼びながら、その一部である座敷などを取り入れるべきであると規定しているヴァリニャーノの考えには、はっきりとした区別が見られる。その区別は私たちには意味をなさないかもしれないが、現代的な言い方をすれば、ヴァリニャーノにとって「日本的な雰囲気でキリスト教を祝う」努力であったと考えられる(76)。

ヴァリニャーノは採用できる日本の習慣と、受け入れることのできないものとを識別している。彼は

図3　南蛮文化館所蔵「南蛮屏風」右隻第二・三扇（部分）

ヨーロッパとは諸事情が異なる日本で宣教活動を行う中、その時々に直面した問題を、キリスト教の伝統と照らし合わせて解決したのである。

　レンゾ師が述べているように、ヴァリニャーノは可能な限り日本人が受け入れやすい方法で、「日本的な雰囲気でキリスト教を祝う」ことを望んだ。このことは、第三章第一節で明らかにした茶室でミサを捧げたという、ルイス・フロイスの記述とも共通している。ヴァリニャーノは聖職者として「教会の我々のヨーロッパの習慣が保たれるように造るべきであって」と、日本の寺院を真似ることは適切ではないと指摘しているが、その直後には一転して「聖堂の両側には、扉を必要な時に開けば一切を一体にすることができるように、日本式に造られた座敷を設けなければならない」と、日本の生活習慣に関わる設計を積極的に採用した。この指針も、レンゾ師の言葉を借用するのであれば「日本的な雰囲気でキリスト教を祝う」という、日本の生活習慣を採り入れた宣教方針である。

　先に提示した図1南蛮文化館所蔵「南蛮屏風」にも、聖堂や修道院内の様子が詳しく描かれていた。この屏風について成澤勝嗣氏は「特に南蛮寺内部のキリスト教に関わる描写がすぐれて正確である」と述べている。[77] 具体的には、図3が示すように、「三本の釘（キリストの磔刑に使われた釘の象徴）の紋章を飾る祭壇で祈りを捧げる人たち、その奥に告解、教理問答など」である。[78]

ここで注目すべきことは、先ほどの日本風に造られた南蛮寺の鐘にイエズス会の紋章が刻まれていたように、修道院内の座敷に置かれた祭壇の中央に、キリスト教の象徴である「三本の釘」の紋章が描かれていることである。

以上のように、ヴァリニャーノは日本の儀礼慣習を重視してきたことは確かであるが、キリスト教の根幹を無視することは断じてなかった。レンゾ師がヴァリニャーノの宣教方針について、「その区別は私たちには意味をなさないかもしれない」と述べているように、その判断は「教会は我々のヨーロッパの慣習が保たれるように造るべきであって」と示すがごとく、西洋の伝統をも維持したものであった。

次に修道院の具体的な間取りについて検証したい。

史料65：『日本イエズス会士礼法指針』第一五四項目

どのカザにおいても、よそから来る人のために、少なくとも階下に周囲に縁側のある二室一組の座敷をもたなければならず、そのうちの一室は茶の湯のための室にあてられることになろうということである。これらの座敷に続いて、更に二つの座敷がなければならず、その座敷に客人を持

図４　多賀大社所蔵　調馬・厩馬図屏風

図４－１　同（部分）

て成す世話をするパードレやイルマンが住むことになるのである。（中略）これらの座敷の縁側の前には立派にこしらえられ、かつ整備された庭がなければならない。そして縁側は部屋に入ったり出たりする際に行なわれる日本の礼儀作法を守ることができるようにするため、日本風にパードレやカザの他の召使が一方から座敷に入り、客人が他方から入るのに便利であるように、また客人がどちら側、カザのものがどちら側に座を占めなければならないかということがわかるように造られることである。(79)

この史料が示す修道院の建築条件を図4の構図と照らし合わせ、建物内部の具体的な間取りを検討したい。この図は滋賀県犬上郡にある多賀大社所蔵の「調馬・厩馬図屏風」で、図4―1はその部分である。安土桃山時代の作品で、作家は狩野派の絵師と伝えられている。この史料からヴァリニャーノの意図する修道院内の座敷が、日本の屋敷内と同様な設計であったことを明らかにする。

ヴァリニャーノは『日本イエズス会士礼法指針』一四七項目（史料63）の中で、「今後はどんなカザを造る場合にも、先ず日本の上手な職人と相談し、彼の設計したところをやらせなければならない」と命じている。(80)これは修道院の設計が日本式の家屋に則して進められたことを示す。

修道院内の構造については、三つのことがいえる。はじめに「周囲に縁側のある二室一組の座敷」と「一室は茶の湯のための室」という条件は、屏風の構図にもみられる。右側の屋敷内に光を当てると、縁側を備えた二室一組の座敷が描かれ手前は茶室である。座敷では二人の武士と小姓らしき人物が庭先にいる武士たちの調馬を眺めている姿が描かれており、茶室内では茶を点てる茶人と茶を運ぶ小姓の姿がある。

次に「座敷の縁側の前には立派にこしらえられ、かつ整備された庭」という条件である。屏風には、屋敷の後方に立派な桜と剪定された松の木が描かれており、史料との一致がみられる。さらに、「客人がどちら側、カザのものがどちら側に座をしめなければならないかということが分かる」という上座と下座の区別である。屏風をみると座敷の奥に金屏風が設置されており、この場所が上座である。屏風の右下には武将の家来と思われる者たちが縁側に控えている。すなわち、この場所が下座である。なお史料によれば、客間の奥に司祭や修道士たちの住居として、さらに二つの座敷が必要であった。これは彼らがすぐに客人を通した座敷へ赴けるよう、便宜を図った間取りである。

「調馬・厩馬図屏風」は、ヴァリニャーノが日本視察をしていた安土桃山時代の屋敷の特徴を見事に描いた作品である。この屏風を史料65が示す修道院の条件と照合すると、修道院の間取りは当時の上層階級の屋敷建築を組み入れたもので、日本の儀礼に適った建物であることが明らかである。

次の史料も、日本の礼儀作法をもって客人を迎えるための、ヴァリニャーノによる間取りに関する指示である。

史料66：『日本イエズス会士礼法指針』第一六九項目

客人を日本の礼儀並びに慣習に応じて厚く迎えるためには、彼等を迎える場所がうまく配置されていることが大いにこれを助けるのであるから、すべてのパードレは自分のカザに二つの座敷を持ち、そのうちの一室は他の部屋の前方にあって、しかも前面に縁側のあるその座敷で客人を迎えるのに、パードレも客人もそれぞれふさわしい位置を占めることができ、盃やその他の持て成しが日本の慣習に従って行なわれ得るようにしつらえてあるように努めるべきである。（中略）（日本で——訳者注）行なわれる主要な歓迎法の一つは、日本人に飲むために与えられる茶であり、日本人はよそから来たひとを迎える茶の湯と座敷の清潔ということに大いに念を入れるのであるから、パードレたちは彼等のカザの門内によそから来た人たちを厚く迎え入れ、接待するための清潔で整った茶の湯と座敷をもつよう努めることになろう[81]。

この史料が示す条件とは、先ほどの一五四項目同様に、修道院に座敷と縁側を設置し、司祭が来客を正しい位置から迎えるというものである。イエズス会では身分にしたがい来客を最も適した座敷に招き、盃やその他の食事によってもてなしていたことが読み取れる。このことは、第四章第三節にて提示した「客ならびに身分ある人のもてなし方、贈物などについて」規則からも明らかである。

次に挙げる指針は、ヴァリニャーノが施設の敷地内へと構想をめぐらしながら、具体的な配置について記述しているものである。当指針は長文であるため、二つに分けて提示する。

史料67：『日本イエズス会士礼法指針』第一五五項目

カザの入口には上述の座敷とは幾らか離れている、門衛詰め所として用立てられる一つの場所を持たなければならないということである。どんな人であろうと伝言を持ってやって来た人とか、パードレを訪ねるために主人と一緒に来た召使などをここで持て成すことができるのである。この門衛詰め所をもったこのような座敷は、たとえ小さなレジデンシアであろうと、我々のすべてのカザに当然あるべきである。[82]

門衛詰め所とは、修道院の正門に設けられた受付所で、ポルトガル語で“potraria”と記す。史料53にて提示したように、そこは主人から司祭への手紙や伝言を届けに来る使用人、あるいは主人に随行する御供などをもてなすための場所である。イエズス会はヴァリニャーノの命令により、彼らのように身分が高くない人々に対しても、彼らに適した接客を行っていた。以下の規則は、ヴァリニャーノが受付担当者に命じた掟である。

史料68：「受付規則」第一項目

受付所をちり一つなく掃除すると同様に、テラスや中庭の周辺すべてを清潔に整理整頓しなさい。[83]

前述にて「受付規則」第五項目を挙げて、ヴァリニャーノは受付担当者に日本人の礼儀作法を学び、イエズス会修道院への訪問者に礼を尽くすよう命じていたことを明らかにした。

ヴァリニャーノは受付担当者の接客態度を定めることに留まらず、さらに受付所周辺の環境についても規則の中に記したのである。受付担当者は、受付所の清掃や中庭の手入れに至るまできめ細かな来客を迎えるための環境づくりが求められた。彼は『日本巡察記』の中で「第一は清潔に生活することである」と記し、続けて以下のように報告した。

史料69：『日本巡察記』

来客や、用件で来訪した者をこの清潔な場所に迎えることは、日本の風習であって、敬意と愛情をもって客を迎える為になさねばならぬ主要なことの一つである。もしこのようにしなければ、我等を訪ね、話しに来た者は侮辱されたことになる。(84)

ヴァリニャーノは、日本人が生活環境を清潔に保つ国民であることを認識していた。本書の中では、彼のほかにも日本人の清潔感について、ルイス・アルメイダやルイス・フロイス、そしてジョアン・ロドリゲス通辞による報告から、日本では生活環境を清潔に保つ習慣があると捉えていたことを明らかにした。ゆえに、イエズス会は修道院内でも特に日本人を迎える座敷には注意を払い、清潔感あふれる場所に整えていたのであろう。

修道院には一般の訪問者とは別の、権力者のために奥座敷が設けられていた。

史料70：『日本イエズス会士礼法指針』第一五五項目

大領主たちが集まる大都会とか、屋形たちのいる土地にあっては、これらの座敷のほかに、こういった人々が我々のカザに来た時に彼等をそこで迎えるため、大変清潔で立派にしつらえられた少なくとも二室からなるもう一組の座敷がカザのもっと奥まったところにあるべきである。彼等を他の者たちと共通の座敷で迎えることは大変な無礼、無作法であるから、これらの座敷は特に彼等のためにだけ使用されるのである。こういった場所には、上述の領主たち専用の清潔な厠と、盃に関連するあらゆる道具《ドンゴ》が入っている一つの戸棚を備えた小部屋をもったもう一つの特別の茶の湯とがなければならない。そこにはまた、台所では作ることができないし、また作るべきではない吸物《スイモノ》とか点心《テジン》とかこれに類したものを、この場所で作るのに使用される食膳用棚をもった炉が設けられてなければならない(85)。

この指針は、大都会に建設される修道院の具体的な間取り計画である。

本章第一節で前述したように、ヴァリニャーノはイエズス会日本管区を下地方、豊後地方、都地方という三つの教区に分けた。その中で大都会といえば、たとえば下教区は長崎、豊後教区では府内、そして都教区では都の中心部や安土山などである(86)。

ヴァリニャーノは、高貴な大領主や屋形(87)が修道院を訪問することを念頭に置き、彼らの身分に適した客間を造るよう命じている。

彼は上流階級の人々を格別にもてなし、イエズス会の宣教への理解と支援を獲得したかったのである。この間取りは日本の上手な職人と相談して設計せよという、ヴァリニャーノの第一四七項目（史料63）の命令を具体化したものである。

史料によれば、この客間は一般客をもてなすための二室一組の座敷から、一段と修道院内の奥へと入った場所に設置される個室である。そこには専用の清潔な厠と茶室、そして接客道具を収納する小部屋が設けられる。この小部屋とは、史料57「客のもてなし方規則」第七項目で示した接客担当者が管理する収納庫で、そこには接待に使用するすべての道具が収められていた。ヴァリニャーノは修道院の特別室に大領主や屋形たちを招き、日本の儀礼に適う最高のもてなしを実施したかった。

そのためには、茶室に隣接した場所には専用の台所が設置され、点心や吸物などを調理できる食膳用棚と炉が取り付けられるとある。原文「客のもてなし方規則」第九項目には、“cuzinha comũa” 一般の台所と“conzinha particular” 特別な台所、すなわち来賓専用の台所という記述がある。(88) これはイエズス会修道院内には客人の身分に基づき二種類の台所が設けられていたことを明らかにする史料である。

以下の史料も、ヴァリニャーノが日本社会を意識した建物の条件で、客を接待するための茶室と座敷の設置が明記されている。

史料71：『日本イエズス会士礼法指針』第一七項目

同時にカザには玄関《ポルタリア》・茶の湯《チャノユ》（飲み水に投げ入れるある草木の粉末）および座敷を持つように努めなければならない。しかもこれらの座敷はすべてカザを建てるにあたってとるべき方法について論ずる際に述べるように、まったく日本式に整えられる必要がある。なぜならば、日本式に整えられた座敷がないばかりに、パードレ自身にとっても、迎えられる客人にとっても、大変な無礼無作法が行なわれるからである。(89)

この史料には茶室と座敷の設置に加え、玄関を設けるという指示がある。

正式な挨拶は座敷で交わすことが日本の礼儀である。巡察師は修道院内に座敷を設けなければ、イエズス会と客人の両者が無礼無作法となると忠告している。つまり座敷を設けなければ、イエズス会の司祭や修道士、同宿は日本人が行うように畳に座り、手をついて客人に挨拶することができないと、ヴァリニャーノは指摘するのである。彼は布教を成功に導くため、修道院内に座敷を設けるという日本の生活基盤を積極的に採り入れた。これは宣教師たちが日本の儀礼や習慣に注意を払ったもので、彼の掲げる適応主義政策の特徴である。

レンゾ師は当指針が示すヴァリニャーノの宣教方針について、以下のように述べている。家の変化はそこに住む宣教師の生活変化を伴う。当時まで意識しなかった座敷や茶の湯を取り入れることによって、「ヨーロッパの一部を日本に移動した」修道院から「日本に住む宣教師」の修道院への変化を要求する。「無礼不作法になる」というその変化の主な理由は、座敷に慣れていなかった宣教師ではなく、迎えられる日本人客の立場にあることに注目したい(90)。

このレンゾ師による、ヴァリニャーノが日本人の習慣に考慮したという記述は、先ほどの史料61のフロイスによる、都に建設予定の教会と司祭館の内部すべてを畳敷きにするという報告とも共通している。ヨーロッパ式の教会を建て、そこで礼拝を行うこともできるが、イエズス会は強いて日本式の内装にするという設計を選択した。彼らは同会施設を訪れる日本人が違和感なく心地よく過ごせるよう、その内部に日本の生活習慣を持ち込んだ。これはイエズス会側からの日本人側に対する配慮といえる。ヴァリニャーノは、修道院内に座敷や茶室を設けることで、宣教師らの生活環境を根本的に変えた。このことにより、彼らの振舞いにも変化が表われ、日本人が行うように畳に座り客をもてなした。

では、ヴァリニャーノの指導によるイエズス会の建物とは、実際にどのような設計であったのであろうか。これについて、イエズス会が信長より拝領した安土に建設したセミナリヨを実例に挙げて検討し、この建物がヴァリニャーノの指針に基づいた間取りであったことを明らかにしたい。

史料72：『日本史』

このように、事業はきわめて熱心に開始され、キリシタンたちの目覚ましい援助により、わずかの間に信長の宮殿を除いては、安土においてもっとも美しく気品のある邸の一つとして完成した。階下には外部の人を宿泊させるために、はなはだ高価で見事に造られた茶《チャノユ》の湯の場所を備え、きわめて便利で、清潔な良質の木材を使用した座敷《ザシキ》が造られた。二階には、一つは市《まち》の上に展開し、他は心地よい広々とした田園の眺望に向けられた幾つかの窓を付した廊下によって三方囲まれた我らの寝室、または部屋に利用される若干の広間を作った。これらの部屋は、日本で使用されている移動できる戸（襖《ふすま》のこと）で仕切られていて、身分ある客をその上（座敷）に宿泊させたいと思う時には、いつでも三つか四つの部屋をただちに一つの広間に仕立てることができるのである。この二階の上に、さらに一階を設け、そこには巡察師の意向に添って神学校として使用される長くよく設備された住居を建てた[91]。

写真1　安土セミナリヨ跡
2013年筆者撮影

安土のセミナリヨの間取りは、一階には「二室一組」の茶室と座敷が設置されており、「調馬・厩馬図屏風」（図4）に近い様式といえる。この座敷は『日本イエズス会士礼法指針』第一六九項目（史料66）の中で示されているように、縁側を設えたものであった可能性が充分ある。なぜならば、安土は高貴な人々が参集する土地であったため、ヴァリニャーノは彼らのセミナリヨへの訪問に備え、屋敷の中でも最高の材木や装飾を用いて座敷を造るよう命じたのである。このような客間で、客人に酒と肴が振舞われていたことは、第四章第三節の中で挙げた、接待関連規則から明らかである。食事の後は茶室に移り、茶のもてなしが行われた。

セミナリヨの二階には、宣教師たちの寝室と多目的空間が設けられた。それらの部屋は襖で仕切ることができ、高貴な客人の宿泊部屋として使用された。彼らがイエズス会施設に宿泊する場合には、茶の湯に伴う饗宴にて接遇するようにと、ヴァリニャーノの「客ならびに身分ある人のもてなし方、贈物などについて」（史料31）第五段階に示されていた。

三階には神学校と生徒たちの宿舎が設けられた。この設計からは生徒が勉強に集中できるように、教室を外部者の立ち入らない場所に設けるという、ヴァリニャーノの配慮もみられる。

チースリク師は安土のセミナリヨ内の間取りについて、「美しい琵琶湖の岸辺に三階建ての堂々たる建物ができ、人々を驚かせた。一階には応接間と茶室、二階には神父の居室、三階にはセミナリヨの生徒の部屋があった」と述べている(92)。

写真1は、滋賀県近江八幡市にある安土セミナリヨ跡である。この石碑から奥に進むと、フロイスが記しているように、安土の田園風景が一望できる。奥に見える小高い山は織田信長が築いた安土城で、セミナリヨは城下に建てられていたことがわかる。

史料72に「信長の宮殿を除いては、安土においてもっとも美しく気品のある邸の一つとして完成した」と記されているように、セミナリヨは日本人に対して誇れる格式高いイエズス会の建物であった。これこそが『日本イエズス会士礼法指針』第一四七項目（史料63）の中で、「日本の上手な職人と相談して」と腕のよい大工によって設計するようヴァリニャーノが命じたものである。このような立派なセミナリヨが建設できた背景には、キリシタン大名高山右近の多大なる貢献があった。フロイスは右近の働きについて、「この事業で示された（高山）ジュスト右近殿の働きぶりは特に際立っており、彼は四日の道のりにある津の国から、彼の領民を呼び、その支出を我らが負担することを断わって彼らをして仕事に従事せしめた」と記述している(93)。

イエズス会が安土にセミナリヨを建設したかった理由は、当地が政治の中心地であったことや、城下町が繁栄していたことが挙げられる。オルガンティーノは安土には身分が高い信長の家臣たちの屋敷が並び、さらに地方諸国から多くの貴族たちが信長に謁見するために訪れることなどから、効率的な布教が行えると報告している[94]。また彼は、イエズス会が信長の居城と武家屋敷の地域に住むことで、同会の信用と名誉が獲得できるとも考えた。このことは、イエズス会の宣教方針が上流階級を中心にしたものであったことを明らかにしている。オルガンティーノは「この市《まち》の民衆や職人たちの間に地所を与えられるならば、教えを説く相手に定めていた身分ある人たちから遠ざかることになり、庶民の間に住居を持つことによって、イエズス会はほとんど信用を獲得できぬことになる[95]」と、イエズス会が一般庶民と同じ地域に住むことで、社会的地位が落ちると懸念した。

フロイスもヴァリニャーノが安土にセミナリヨを建設したかった理由について、「五畿内が広大にわたり、肥沃ですべてのものがそこにあり、多くの大国を控え、富裕な数多の領主が住まい、住民も元来身分が高く、政庁の支配下に育った者らしく心掛けの良い者が多いからであった」と記している[96]。

イエズス会は日本の風習にしたがい、上流階級が参集する安土に日本各地の教会や修道院の中でも最高の建物を築いた。なお、一五八二年（天正一〇）六月の本能寺の変以降、セミナリヨに住んでいた宣教師と生徒は都の教会へ移ったが、そこは全員が住むには狭かったため、のちには高山右近の領地である高槻へと移った[97]。

以上、当時の武士階級や豪商は、茶の湯によるもてなしを正式な礼儀作法としていたため、イエズス会修道院内においてもヴァリニャーノの指示のもと、日本の礼儀作法に基づいた接客がなされていた。ヴァリニャーノが意図した修道院や教会建築は、日本人をもてなすための客間と茶室という「一組二室」の間取りであったことが史料から明らかとなった。座敷周りには縁側が設置され、修道院内には立派な庭が必要条件に挙げられていた。このような環境の中で、茶の湯者は修道院を訪れる日本人に対して茶の湯を振舞ったのである。彼は日本人に適う接客を提供するため、教会や修道院内の環境を整えた。これがヴァリニャーノの目指した日本人と友好関係を築くための宣教方針である。

○イエズス会修道院内の茶の湯

次にヴァリニャーノが、茶の湯をいかなる目的をもって、宣教活動や修道生活に採り入れたかを明らかにするため、イエズス会修道院で嗜まれた茶の湯の定めを提示する。

史料73：「茶の湯者規則」第五項目

茶の湯者は修道士に命じられたように、すべての訪問者たちの身分と慣習に応じて茶を振舞いなさい。[初めの二文字欠落] しかし、接待を禁じられた訪問者に対しては、茶は振舞われず、そこへ入室することも滞在することもできないと勧告しなさい。(98)

この規則は修道院を訪れる来客に茶が振舞われるという、茶の湯が宣教方針の中に組み入れられていたことを示す。イエズス会がこのような振舞いをしていた理由は、前述したように茶の湯による接待が武士階級や豪商から一般庶民に至るまで根付いていたためで、ヴァリニャーノは来客に対し、同会が彼らの習慣を尊重していると思わせたかったのである。加えて、上流階級の人々から支援を得るためには、茶の湯という日本の儀礼慣習に基づく交流が不可欠であると、彼が認識していたことも挙げられる。

巡察師は『日本巡察記』の中で、日本人が茶の湯に特別な価値を見出していることを報告した。

史料74：『日本巡察記』

日本では一般に茶と称する草の粉末と湯とで作る一種の飲物が用いられている。彼等の間では、はなはだ重視され、領主達はことごとく、その屋敷の中にこの飲物を作る特別の場所を持っている。（中略）この為指定された場所を茶の湯と称する。日本ではもっとも尊重されるから、身分の高い領主達は、この不味飲物の作り方を特に習っており、客に対し愛情と歓待を示すために、しばしば自らこの飲物を作る。(99)

前述したように、『日本巡察記』はヴァリニャーノがイエズス会総長宛に記した日本諸事情に関する重要な報告書である。その中に茶の湯情報が含まれていたということは、いかに茶の湯が上層階級に浸透し、それゆえにイエズス会が宣教を展開する上で注目すべきものであったかを表わしている。

領主たちは茶の湯を重んじ、茶室を屋敷内に設けて茶の湯を嗜んでいた。ヴァリニャーノは彼らが茶の湯の稽古を行っていることにも注目しており、茶の湯の儀礼が上流社会の中で重要であることを認識していた。なお、史料の中でヴァリニャーノは茶室を茶の湯と呼んでいる。これはほかの史料にもみられ、例えば『日本イエズス会士礼法指針』第一七項目（史料71）でも記されている。

さらに日本人が重んじている接客ということに注目するならば、ヴァリニャーノが修道院を訪れるほぼ全員の客に対して茶を振舞う背景には、イエズス会においても日本人同様、茶の湯の心に共通したもてなしの思いがあることを日本社会に示す意図があったといえるのではなかろうか。茶の心とは相手を敬う気持ちや慎み深さというもてなしの姿勢であり、これと共通した文化がイエズス会にもあることを、巡察師は日本人に伝えたかったのである。ヴァリニャーノは主に武士階級や豪商にとって、茶の湯が大切な儀礼慣習として生活の中で培われていることを知った。彼は茶の湯とはいかなるものか、上流社会の人々はなぜ茶の湯によるもてなしを重んじたのか、なぜ茶の湯の習得に多大な時間を費やすのかなどということを調査する中で、彼らの茶の湯に向かう真剣な姿に共感した。この経験から、茶の湯にはイエズス会が修道院生活の中で習得する修行の姿勢とも通じうるものがあることをヴァリニャーノは見極め、これを宣教方針の一部に採り入れた。イエズス会は茶の湯を介することで、修道院を訪問する日本人と共通する心をもって交流しようと考えたのである。

その一方、修道院を訪れる客のなかには茶の湯に与かれず、茶室に入室することを禁じられていた者がいた。これは、茶の湯が単なる娯楽的喫茶ではなく、茶室が一般的な応接室ではないことを裏付けている。

以上、ヴァリニャーノは日本人の間で嗜まれていた茶の湯に注目し、特に当時の権力者たちと交流するために、茶の湯を宣教方針に採り入れたことが史料から明らかとなった。彼は『日本イエズス会士礼法指針』や「受付規則」、「客のもてなし方規則」そして「茶の湯者規則」の中で、イエズス会が修道院内で日本人をもてなすための徹底した規則を定めていた。これらの史料は明らかに、イエズス会では抹茶が常備されており、修道院への訪問者と司祭のために茶の湯によるもてなしができる態勢作りがなされていたことを示している。

巡察師は当時の日本家屋の条件にしたがい、修道院内に茶室と座敷の部屋が一組となる間取りを設置し、日本人が心地良く滞在できる環境を整えた。さらに彼は、日本社会には社会階級があることを理解し、イエズス会に対してそれぞれの身分に適したもてなし方を宣教方針の中で示していた。たとえば客人の身分にしたがい、抹茶、食事、客間を適合するようにという命令である。ヴァリニャーノが打ち出した適応主義政策とは、日本人の行動を見習い、日本の諸事情すべてにおいて最も適切な布教のあり方を見極め、実施することであった。

第三節　ヴァリニャーノが認識した茶の湯の精神性

本節ではヴァリニャーノが先の節で検証した茶の湯の社交性に加えて、茶の湯の精神性にも注目し、修道院内の茶室環境を整えていたことを明らかにする。

はじめに、ヴァリニャーノが接客担当者に与えた規則を提示して、キリスト教の精神性に適うもてなしの基本姿勢について検討したい。

史料75：「客のもてなし方規則」第一項目

外部者に対する接客や宿泊に際して、担当者は全能なる神の栄光に基づくイエズス会『基本精神綱要』を心に刻み、精進して人々に尽くすことを理解しなさい。したがって、神の御名のもとにお相手する方の魂の向上となるよう言葉と行いをもって努めなさい。同様に義務を果たすにあたっては、しかるべき気遣いをもって勤勉に注意深く行いなさい(100)。

ヴァリニャーノは「客のもてなし方規則」の冒頭で、接客方針が『基本精神綱要』の精神性に基づくものであることを明記した。

第一章第一節の中では、イエズス会の宣教方針を明らかにするために、一五四〇年九月二七日に教皇パウルス三世が許可した『イエズス会フォルムラ・インスティトゥティ』［基本精神綱要］と、一五五〇年七月二一日に教皇ユリウス三世が確認した『イエズス会フォルムラ・インスティトゥティ』［基本精神綱要］の一部を提示した。その結果、二つの基本精神綱要にはイエズス会が地上の神の代理者であるローマ教皇に従順を誓うことが示されていた。それゆえ、ヴァリニャーノはこの「客のもてなし方規則」の中で、外部からの客人に携わる者は、ローマ教皇より日本に派遣されたことを心に刻み、接客という奉仕を通して神の栄光を示せと命じたのであった。

次の「客のもてなし方規則」は、神の栄光を妨げる接客担当者の行為についての警告である。

史料76：「客のもてなし方規則」第一七項目

外部の方々に対する真面目な話しの仕方や親密な情を示す時に、慎重さと謙虚さを欠くならば、注意が散漫になり、キリスト教信者に対して深刻な害を与えることになる。宗教的でない世俗的な娯楽や会話を避け、またくだらない下品なことを話すのはやめなさい。常に彼らの魂が向上するよう助けなさい。したがって、茶室でもどこでも、決してゲームで時を過ごしてはならない。[101]

ヴァリニャーノは、外部者に対する基本的姿勢を示した。

イエズス会はキリスト教信者が修道院を訪れる際に、彼らの魂の安らぎにつながるもてなしを心掛けなければならない。ヴァリニャーノは、接客担当者が客人に世俗的で下品な会話をして、キリスト教信者の魂が損ねられることを警戒した。したがって、彼らが客人と必要以上に親しくなり、礼儀を怠りなれなれしく無礼な態度を断じて禁じた。周知のことながら、巡察師は修道院内におけるゲームを禁じて、その具体的な場所について「茶室」と規則の中に明記した。これは茶室が生活空間から完全に区別されて、そこでの娯楽は厳禁であったためである。イエズス会の茶室は正しい目的のために用いられるべきであると、ヴァリニャーノは次なる規則の中で説いている。

史料77：「客のもてなし方規則」第一三項目

茶室には高潔でこの面に熟達した剃髪の奉仕者（同宿）を置き、茶室を清潔に保ち、茶の湯道具と茶の種類ごとに整頓しなさい。茶室は怠け者が茶を飲み、無意味でくだらない話をして気晴らしする場所ではない。そうではなく、茶室があるのは立派なキリスト教信者をお迎えして、彼らの魂を教導しつつその糧を与えるためで、それが私たちの修道院の意に適うことである。茶の湯者は「茶の湯者規則」を遵守しなさい。(102)

史料の「剃髪した奉仕者」とは同宿を示し、イエズス会修道院の茶の湯者を意味する。ヴァリニャーノは、茶の湯者に茶室と茶道具を清潔に整え、抹茶を品質ごとに常備するよう命じた。

ここでは具体的な茶室内の禁止行為と本来の目的が示されている。史料によれば、茶室は心身共に怠け者が喫茶をする場所ではなく、名誉あるキリスト教信者をもてなす清浄な場所である。したがって、茶の湯者の職務とは単に茶を点てることだけでなく、一碗の茶によってキリスト教信者の魂が一層高められるようもてなすことである。

図5からも、ヴァリニャーノが特に茶の湯と茶室に注意を払っていたことがわかる。この図は「日本管区規則」に収録され、巡察師がイエズス会修道院内の茶室環境を整える意図で作成した「禁制」(103)"Quinsey"と称する八項目である。この中には、彼が目指した茶室の様相が示されている。図5を原文活字表記、日本語訳、英語訳に示したものが、表2である。

この規則は巡察師が修道院内の茶室を日常の生活空間とは区別し、茶の湯のためにふさわしくないと判断したすべての行為を具体的に書きだしたものである。その内容は、茶室に敬意を払うことで、日本人が古き伝統や生活様式を通して培われてきた生活習慣や感性など周知のことと一致する。

第一項目では無断で茶室へ入ることおよび、茶道具に触れることを禁じ、第三項目では許可なく茶の湯道具を持ち出してはならないことが示されている。第五と六項目では茶室で睡眠と休息する行為を禁じた。本書第三章第一節中で、フロイスはキリシタンと異教徒たちが茶室を尊重していると報告していたように、日本人にとって茶室は茶の湯を行う特別な部屋である。

第二項目は、釜の湯は茶の湯のために限定して用いられるもので、ほかの目的のために持ち出してはならないという禁止事項である。何者かが熱湯を持ち出し、単に釜の湯を補充するのであれば、台所で沸かされた熱湯でもよい。しかし、茶の湯のために用いる湯は、茶室で沸かされたものでなければならないと、ヴァリニャーノは命じている。なぜならば、釜にそそがれた水は清く、生活の中で使われる水とは異なる特別な意味が含まれているからである。また炭火についても、茶の湯者が客人に最高の茶を振舞うために、朝一番の奉仕として茶室を清めた後についだものである。したがって茶室の炭火を持ち出し、灯りとして使うことは断じて禁止された。釜の水と炭火についての掟は、後述にて詳しく解説する。

第四項目には、「茶の湯の家」“na casa do *chanoyu*”という表記がある。これは第五章第二節で扱った『日本イエズス会士礼法指針』の中には使われていない言葉である。前述したように、ヴァリニャーノは今日でいうところの茶室を示す場合、たとえば、当指針の第一五四項目（史料65）の中で

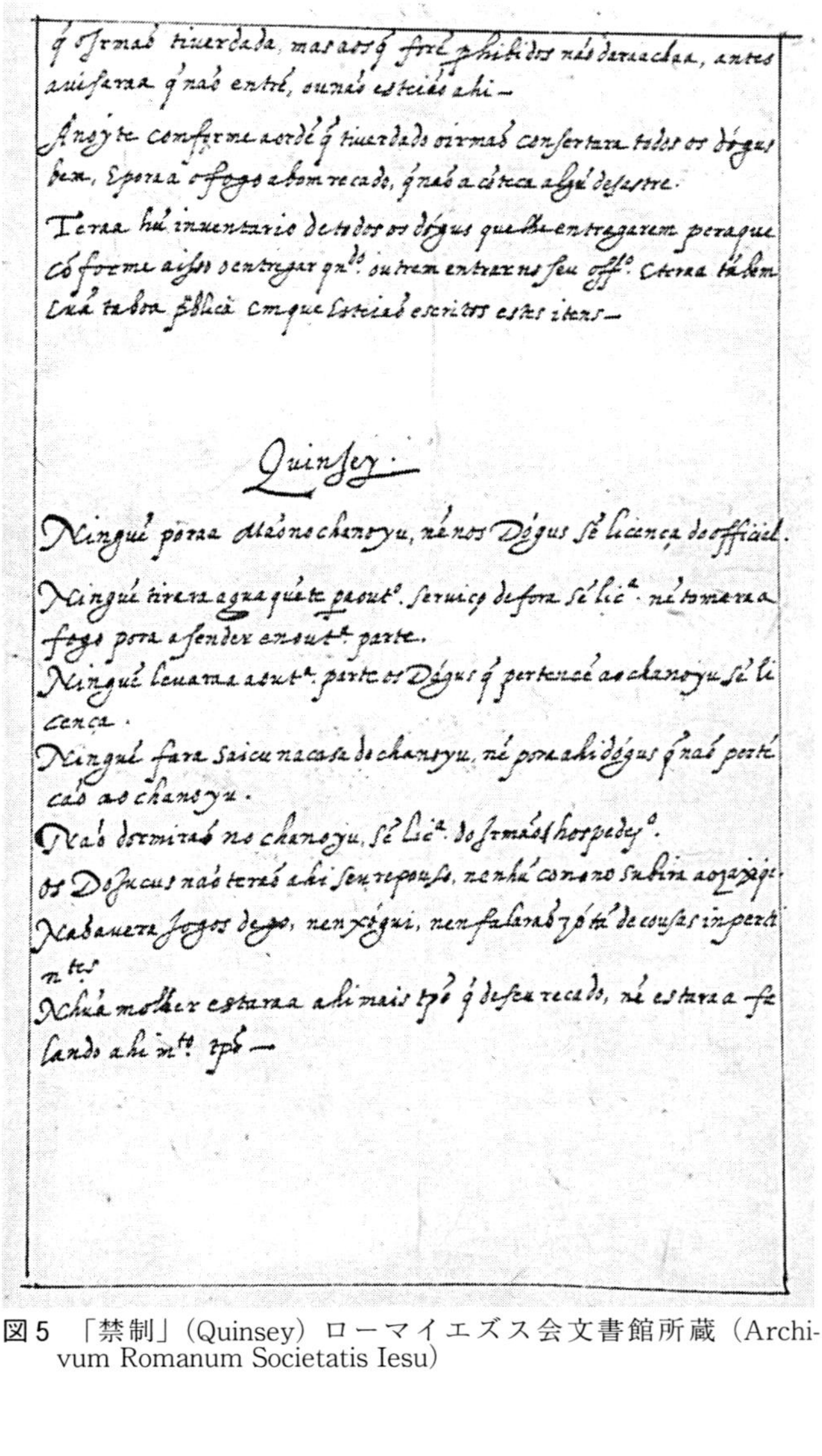

q̃ o Irmaõ tiuer dado, mas ao q̃ forẽ prohibidos naõ dara a chaa, antes
auisara q̃ naõ entrẽ, ou naõ estejaõ ahi —
Ao q̃ te conforme acordẽ q̃ tiuer dado o irmaõ consertara todos os dôgus
bem, e porá o fogo a bom recado, q̃ naõ aconteça algũ desastre.
Terá hũ inuentario de todos os dôgus que lhe entregarem peraque
cõforme a isso o entregar qn.do outrem entrar no seu off.o e terá tãbem
hũa taboa pũblica em que estejaõ escritos estes itens —

Quinsey.

Ninguẽ porá mão no chanoyu, nẽ nos Dôgus sẽ licença do official.
Ninguẽ tirará agua quẽ te pa out.o seruiço de fora sẽ lic.a nẽ tomará
fogo pora acender em out.a parte.
Ninguẽ leuará a out.a parte os Dôgus q̃ pertencẽ ao chanoyu sẽ li
cença.
Ninguẽ fará saicu na casa do chanoyu, nẽ porá ahi dôgus q̃ naõ pertẽ
cẽ ao chanoyu.
Naõ dormiraõ no chanoyu, sẽ lic.a do Irmaõ hospedeyro.
os Dojucus naõ teraõ ahi seu reposo, nenhũ como no subir ao zaxiqi.
Naõ hauera jogos de go, nem xôgui, nem falaraõ ... de cousas imperti
n.tes
Nhũa molher estará ali mais tpo q̃ do seu recado, nẽ estará fa
lando ahi m.to tpo —

図5　「禁制」（Quinsey）ローマイエズス会文書館所蔵（Archivum Romanum Societatis Iesu）

は「茶の湯のための室」と記し、第一六九項目（史料66）においては「茶の湯」と記している。ところがこの史料には〝casa〟つまり「家」と記されていることから、ここでは修道院内に設けられた茶の湯の座敷ではなく、修道院の敷地に建てられた茶の湯のための家を意味している可能性がある。

ジョアン・ロドリゲス通辞は『日本教会史』の中で、茶の湯のために造られた場所を「小家」〝a cazinha〟[104]と記し、その大きさについて小間座敷、すなわち最大でも四畳半、小さいものは三畳や一畳半まであるとした[105]。さらに、別の箇所では「茶の湯座敷 chanoyuzaxiki」[106]や「茶 châ に招かれる家を数寄屋 sukiya」[107]と報告している。前者は屋敷内に設けられた茶の湯の座敷であり、後者は屋敷とは

英語訳
The *chanoyu* as well as the *dógus* are not to be touched without the official's permission.
No hot water shall be used in any other service without the proper permission nor will the fire be taken to be lit elsewhere.
The *dógus* that belong to the *chanoyu* are not to be taken elsewhere [by anyone] without the proper permission.
Nobody will be *saicu* at the house of the *chanoyu* and nobody will leave there *dógus* that don't belong to the *chanoyu*.
Nobody shall sleep in the *chanoyu* without the host brother's permission.
The *Dojucus* will not take rest there nor will the *conono* go up the *zaxiqui*.
There will be no games of *go*, nor *xógui*, nor will there be any loud (*zótan*) conversation about impertinent matters.
No woman shall stay there longer than her message takes to be delivered and she will not remain there talking for longer than she should/a long time.

原文活字表記	日本語訳
Ninguem poraa maõ no *chanoyu,* nem nos *dógus* sem licença do official.	茶室と同様、正式な許可なく茶道具に触れてはならない。
Ninguem tirara agua quente para outro seruiço de fora sem licença [,] nem tomaraa fogo pora [sic] asender en outra parte.	許可なく、ほかの目的のために熱湯を用いてはならず、また他の場所の点火のために火をとってはならない。
Ninguem leuaraa a outra parte os *dógus* que pertencem ao *chanoyu* sem licença.	許可なく、どこか他の場所に茶室の道具を持ち出してはならない。
Ninguem fara *saicu* na casa do *chanoyu,* nem pora ahi *dógus* que naõ pertençaõ ao *chanoyu.*	茶の湯の家で細工を行ってはならず、また茶の湯に属さない道具をそこに置いたままにしてはならない。
Naõ dormiraõ no *chanoyu,* sem licença do Irmaõ hospedejro.	接客担当者の修道士の許可なしに、茶室で寝てはならない。
Os *Dojucus* naõ teraõ ahi seu repouso, nenhum *conono* subirá ao *zaxiqui.*	同宿は茶室で休息してはならず、また小者は座敷に上がってはならない。
Naõ averá jogos de *go,* nen *xógui,* nen falaraõ *zótan* de cousas inpertinentes.	そこで囲碁や将棋をしてはならず、またそこでふさわしくない大声で雑談をしてはならない。
Nenhuma molher estaraa ahi mais tempo que [o] de seu recado, nem estaraa falando ahi muito tempo.	女性は伝言を伝える以外に茶室に長く留まってはならず、またしかるべき時間以上にそこで話をしてはならない。

表２　ローマイエズス会文書館所蔵「禁制」

独立した茶の湯を行うための家である。加えて本書の第三章第一節において、ルイス・フロイスは『日本史』中で、「茶の湯の室」“camara de chanoyú”[108]（史料12）という記録を残した。これは屋敷内に設けられた茶室であったことがわかる。

右記に挙げた宣教師たちの報告からは、宣教師たちが屋敷内に設けられた茶室と、屋敷の外に設置された茶室とを区別して表記していたことが明らかである。したがってヴァリニャーノが「禁制」第四項目で示す「茶の湯の家」は、修道院とは別棟に建てられた茶の湯の庵であったことが考えられる。このことは修道院内ではヴァリニャーノの指示の下、訪問者に精神性を重視したもてなしを行っていた可能性を示す。彼は茶の湯の精神性を理解し、茶室を修行の空間としてほかの場所とは完全に区別したのであった。

第七項目が示す茶室内における雑談や娯楽の禁止は、修道院では沈黙を守ることに通じる禁令である。ヴァリニャーノは茶道具に関しても、触れる、持ち出す、ふさわしくない道具の持ち込みや細工を禁止する、というように、修道院内の茶室としてけがれなき環境を整えた。

次に、ヴァリニャーノが「禁制」第二項目の中で定めた炭火の持ち出し禁止について、以下に「茶の湯者規則」第一項目を提示し、この掟の背景にある彼の意図を明らかにしたい。

史料78：「茶の湯者規則」第一項目

朝の鐘の音とともに起床し、茶室の行灯に灯をともし、風炉の水が沸くように何本かの炭をつぎ、夜明けの間に祈りを捧げなさい[109]。

茶の湯者が行うべき朝一番の日課である。彼は茶室に赴き、灯をともし、風炉の炭をうまくつぎ、火を熾して釜の水を沸かす。いうに及ばない内容であるが、これは客人を迎えるための万全なる準備を示すもので、この教えには茶人のもてなしの心が秘められている。

「炭は湯の沸くように」について考えるのであれば、実のところ炭はつぎ方次第で釜の湯の沸き方が左右されるため、茶人は炭をつぐ場所を見極めることが肝要である。客人に最高の茶を振舞うためには、湯相と火相の関係に注意を払うことが重要である。炭つぎの仕事を怠れば、茶を点てるために最適な湯の温度を保つことができない。したがって、火相と湯相の関係が適してはじめて来客に美味しい茶を振舞うことができる。

ヴァリニャーノは、茶の湯を通して日本人が大切にするもてなしの心を理解し、これをイエズス会の茶の湯に採り入れた。茶の湯は厳格な規則から形成されたもので、日本人が客に対して敬意を示す独特なもてなしの方法である。イエズス会の茶の湯の目的は、一碗の茶で客人をもてなし、それを通して神の栄光を日本人に伝えることである。そのためには、心のあり方が世俗にとらわれず、客人の魂の益を助けるものでなければならない。ヴァリニャーノが目指した茶の湯は、修道生活における修練の経験から万全なる準備をなし、来客に対して愛情をもって歓迎するという意味があった。だからこそ、彼は「禁制」の中で釜の湯を絶やさないように、炭火を茶の湯以外の目的に用いてはならないと命じたのである。この史料からは茶室が修行の場に適していたことが読み取れる。毎朝、茶の湯者は清浄に整えられた茶室において、炭火を熾き、釜の湯が沸く間に祈りを捧げるのである。松籟《しょうらい》という、釜の湯の煮えたぎる音が聞こえる中、独りで祈る茶の湯者の姿をうかがわせる規則である。これはイエズス会修道院ならではの特徴である。

次に示す史料は、茶道具の清めと、茶の湯に用いる水の扱いに対する注意である。

史料79：「茶の湯者規則」第二項目

夜が明け、明るくなってきたら、所持するすべてのものを完璧に清めなさい。熱湯で釜を清め、ほかの茶道具を整え、風炉をあるべき姿に整えなさい。担当者に釜の水を運ぶよう伝えなさい[110]。

茶室から茶道具などに至るまですべてを清めよという、ヴァリニャーノの命令である。茶人は客を迎える準備として茶室や茶道具を清め、この工程を通して最終的には自分の心に至るまで清める。彼は茶の湯に大切な清めや整理整頓、そして身を整えるという行為を茶の湯者に対して徹底させた。

ヴァリニャーノは釜を清め、万全の状態で水を持ち込むよう命じている。つまりここでは茶の湯に用いる水は、担当者によって汲まれた夜明け直後の水でなければならないことを示す。これは清水の重視という観点に立てば、茶の湯者の取水時刻の決まりにしたがっていたことになる。関根宗中氏は、「茶道の場合は、取水地より、むしろ陰陽思想に基づいて、取水の時間を厳しく制限している」と述べている[111]。では茶の湯に用いるための水を汲む時間はというと、『南方録』には「茶の水は暁汲たるを用るなり」[112]とあり、明け方に汲む水、すなわち井華水と称する「早朝最初に井戸から汲む水」であった。[113]

このほかにも日本には古来より若水という、元旦の夜が明けると一家の主人が井戸から水を汲む習慣があり、その水で雑煮を作ると一年間健康に過ごせると伝承されている。

史料79が示すように、ヴァリニャーノは茶の湯者に対し、茶の湯には早朝の水を用いるよう命じており、特に取水の時間に神経を注いでいたことが明らかである。彼は「禁制」第二項目の中でも、茶の湯の目的以外に釜の湯を用いることを禁止しており、茶の湯の水と一般の水とを区別していたことは確かである。

次に挙げる掟も、ヴァリニャーノが茶の湯の「清め」に重きを置いていることが読み取れる史料である。

史料80：「茶の湯者規則」第四項目

目録に掲載の清めに必要な与えられている道具をすべて揃えなさい。常に茶巾、雑巾、そして帛紗物などの清めるための布や、水切り布が綻ぶか汚れた時は、担当者に手配するよう知らせなさい。[114]

ヴァリニャーノは、茶の湯者にイエズス会所持の茶道具すべての管理を課した。ここでは特に茶の湯に用いる布類[115]は常に清潔で良い状態のものを使うよう命じている。

雑巾や濾過用の布は、茶の湯のもてなしとは直接には関係がなく、客人の前に出さないものであるが、強いて清めよと記されている。ヴァリニャーノは表面的に茶道具を清めるだけでなく、茶の湯の精神性に関わる清めに対しても一段と重きを置いていたといえる。すなわち、この規則は彼が茶の湯に関わるすべての茶道具や茶室の環境を整える工程の中で、最終的に茶人の心が清められることが重要であると、理解していたことを示す。茶の湯の精神性にも共通した定めである。

以上、本節は先行研究では論じられてこなかったイエズス会の修道院内に光を当て、ヴァリニャーノが定めた「茶の湯者規則」と「客のもてなし方規則」を扱い、そこには茶の湯の精神性を示す規律が組み込まれていたことを検証した。彼は日本人を茶の湯でもてなすために、これにふさわしい茶室、茶道具、そして炭や水に至るまでの準備に神経を注いだ。巡察師にとって、茶の湯は一般的な饗宴のためのもてなしではなかったのである。彼は宣教を成功に導くため、茶の湯者に対して修道院を訪れる客人には、魂の助けとなるよう心を込めて茶を振舞うよう命じた。

また「禁制」が示すように、茶室は修行の場と捉え、生活空間と完全に分け隔てることを規則とした。茶の湯者に対しては茶室を清く保ち、そこで祈りを捧げるようにと、ヴァリニャーノは説いている。

当時の日本では茶の湯が上流階級の儀礼であったため、彼らと交流するための手段として茶の湯を宣教活動に採用したという点はこれまでの研究において言及されていたが、本節ではじめて史料に基づいて、茶の湯の要である精神性に関する観点から論証することができた。巡察師が認識していた茶の湯の思想が具体的に明らかとなった。

結論

本書では、一五七九年に来日したイエズス会東インド管区巡察師アレッサンドロ・ヴァリニャーノが現在の定義でいう、適応主義に基づき、当時武士から一般町人に至るまでが盛んに嗜んでいた茶の湯を、日本イエズス会の布教に導入していたことを明らかにした。その実態を検証するにあたり、ローマイエズス会文書館所蔵で「日本管区規則」に収録されている、ヴァリニャーノによって作成された茶の湯や儀礼関連の規定を史料として提示した。

最後に、本書の目的と意図に基づき、岡田章雄氏の研究では扱われてこなかった点と、それに対して本研究で判明した新たな茶の湯とキリスト教との文化交流の実態をまとめる。

第一章「異教徒の地への適応主義に基づいた宣教方針」では、創立者イグナティウス・デ・ロヨラによって作成された『イエズス会フォルムラ・インスティトゥティ』〔基本精神綱要〕の冒頭部分を提示し、イエズス会の特徴と宣教の精神を明らかにした。その中には修道士が立てる第三誓願に加え、第四には「十字架の旗のもとで神に服する兵役につき」と記されているがごとく、イエズス会の特徴は教皇への忠誠であった。彼らは地上における神の軍団となり、教皇の命令でいかなる異教徒の地へも赴く修道会である。本書中で示してきたように、この誓いは宣教師がヨーロッパとは異なる生活環境の中で、キリスト教を伝える手段として、適応主義に基づく当地の文化や慣習を用いた宣教の源であった。

さらに本章では、インド宣教に尽くしたエンリケ・エンリケスが現地の言葉タミル語を習得して先住民にキリスト教を伝えたことや、フランシスコ・ザビエルが日本人僧侶が肉や魚を口にしないことを知り、みずからもこれらの食物を絶ったという報告を提示し、ヴァリニャーノ以前の宣教師が、すでに現地の人々の生活に適応した布教を実行していたことを明らかにした。以上のことにより、イエズス会の宣教は、異教徒の地へ赴くという使命を掲げていることから、適応主義による宣教は不可欠であったことを検証した。

第二章「ルイス・アルメイダの茶会体験報告」では、アルメイダによる、堺の都市に住むキリシタン茶人日比屋了珪の屋敷で行われた茶会報告について検証した。この記録はヨーロッパに茶の湯を紹介した最初の書簡で、食事が摂られ、神に祈りを捧げ、茶を点てるという茶会の流れを記したものであった。アルメイダは了珪の茶の湯を通して、キリスト教と茶の湯文化には精神的な接点があり、異なった文化の中でも共通した思想があると認識した可能性がある。少なくとも、彼が茶の湯の精神性を洞察していたことは明らかである。したがって、このことは本書第五章でヴァリニャーノが打ち出した適応主義に基づく宣教理念の先駆けであるといえる。

第三章「ルイス・フロイスの茶室に関する報告」では、フロイスが京の都に住むキリシタン茶人アンタンの茶室でミサを捧げたという報告を示した。彼は信者に限らず、異教徒（日本人）も茶室を静謐な空間と捉え、日常生活の場所と区別する伝統や習慣を理解した。フロイスはそこが清浄感あふれ、人々に安らぎを与える空間であると見極めていたことを史料より明らかにした。すなわち、本来ならば教会や聖堂で捧げるミサを、身近にあった茶室で行ったという事実は、その場において適応主義が可能であったことを示す。

さらにもう一つ、フロイスの報告から四年後の一五七三年（天正元）九月八日に発布された教皇グレゴリウス十三世勅許の中に、聖別された教会以外でも「品位ある適切な場所」でミサを捧げられるという記録を提示し、茶室の環境がミサ典礼を捧げる条件に適っていたことを証明した。

第四章「通辞ジョアン・ロドリゲス『日本教会史』から巡察師アレッサンドロ・ヴァリニャーノの宣教方針への道程」では、ロドリゲスの『日本教会史』とヴァリニャーノの日本宣教に関する規則書を挙げ、両者に示された日本の礼儀作法についての共通点を検討した。その結果、ヴァリニャーノが作成した規則書には、ロドリゲスの報告にある日本人が行う客人へのもてなし方と同様の決まりが示されていることがわかった。知る限りにおいて、両者の宣教に関わる具体的な接点が論じられていない中、この規則書は、ロドリゲスの厖大な報告を参考にしていたことを裏付ける史料であるといえる。

第五章「ヴァリニャーノが茶の湯から導き出した適応主義に基づく宣教方針」は、イエズス会の特徴やヴァリニャーノが適応主義に基づく日本宣教を打ち出した背景、そして茶の湯を用いた具体的な布教方針を史料から明らかにした。この章では岡田章雄氏の研究の中で用いられていないヴァリニャーノによって作成された史料を提示し、さらにもう一歩踏み込んだイエズス会の布教の実態を明らかにした。さらに岡田氏の研究ではふれられていないヴァリニャーノが見定めた茶の湯の精神的側面についても、史料から検証した。

以下、第一節では、イエズス会修道院で暮らす「同宿」と称する奉仕者の身分や職務について、明らかにした。日本イエズス会第一回協議会及び、日本イエズス会第二回総協議会の議事録、そして『日本巡察記』には、同宿の主な職務について通訳、教理問答、接待、茶の湯、伝言取次ぎ、葬儀援助などという、イエズス会が日常的に日本人と交際する上で不可欠な奉仕であったことが示されていた。茶の湯者に選ばれた同宿は、修道院を訪れる信者に対し、身分に応じた茶の湯によるもてなしを行った。さらに「同宿規則」を挙げ、ヴァリニャーノの意図した同宿のあるべき姿とは、修道院の規律を守りつつ「教会の息子」として隣人の魂を助け、自らの精神を鍛えるというものであったことを明らかにした。

さらにもう一つ、この節で提示した同宿に関する史料の内容について、南蛮文化館所蔵「南蛮屏風」を扱い、その構図からも以下、三件の記述を検証した。一件目は史料37の中で、同宿のいでたちは日本風仕立で青色の着物が定められていたという記述である。屏風にはこれと同様に、日本風仕立の青色の衣を着た同宿の姿が描かれていた。二件目は史料45、49、50の中で、同宿が茶の湯を担当していたという内容である。これについても、同宿が手の上に茶碗をのせて運ぶ様子が屏風に描かれていたことから確認できた。さらには、その同宿の行く先には司祭がもう一人の同宿に教示している様子が描かれており、この茶は司祭のためであることがわかる。これは三件目の史料54の中で、イエズス会修道院では茶が日常を通して振舞われていたという内容を裏付けるものである。

第二節では、ヴァリニャーノが茶の湯の社交性に注目し、これを適応主義に基づき宣教方針に採り入れていたことを論証した。岡田章雄氏の研究では、矢沢利彦氏と筒井砂氏訳『日本イエズス会士礼法指針』（一九七〇）を扱い、ヴァリニャーノの理想とする修道院内の茶の湯や接客に関し論じていることを踏まえ、本節ではこれまで扱われてこなかった「受付規則」、「客のもてなし方規則」、そして「茶の湯者規則」を日本語に訳して提示した。まず修道院の受付担当者は、入口に設けられた受付所で客人に接する際、礼儀正しく教養に満ちた立居振舞いをすることが求められた。次の接客担当者は客の身分にしたがい酒と肴をもって彼らをもてなした。この節では修道院における茶料理についても、当時の茶人が行っていた一汁二菜、または三菜であったことを論証した。

さらに茶の湯者は不意の客人に備え、釜の湯を沸かし、品質別に三種類の抹茶を常備し、茶の湯道具と茶室を清め、管理するなどという奉仕を担っていた。以上のことから、ヴァリニャーノは修道院を訪れる客と友好関係を築くため、きめ細かな規則を定めていたことを明らかにし、ゆえにイエズス会修道院においては日本人に対してもてなし態勢が整えられていたことを検証した。

また岡田章雄氏の研究では、ヴァリニャーノの意図した修道院建築に関し『日本イエズス会士礼法指針』の項目を挙げているが、さらに本書では岡田氏が用いた指針内容を、多賀神社所蔵「調馬・厩馬図屏風」に描かれた構図と照らし合わせ、具体的な建物の間取りを検証した。その結果、屏風には座敷と茶室、その前には縁側と日本風の庭が描かれており、これはヴァリニャーノの記述内容と一致していた。このことから、イエズス会修道院は日本の家屋に則した設計であったことが明らかとなった。

第三節では、ヴァリニャーノが茶の湯の精神性にも注目し、これをイエズス会の宣教方針に導入していたことを明らかにした。彼は茶の湯者に対して、修道院を訪れる客人には魂の糧となるよう真心込めて茶を振舞い、みずからの修行のためには茶の湯の奉仕の中で祈ることやすべての茶道具から茶室に至るまで清めることを命じた。つまり彼は、茶の湯の奥義が客人をもてなすための礼儀作法に留まらず、そこにキリスト教でも尊敬に値する精神性が備わっていることを見極めていたのである。

ヴァリニャーノが、修道院内の茶室を生活空間から完全に区別していたことに関しては、「禁制」から論証した。茶室の定めには清浄感とわび茶の精神性が示され、これは日本人が茶室の尊厳を重んじていることを理解し、修道院内の茶室においても彼らと同様の方法にて茶室を用いていたことを裏付けている。

本書ではイエズス会が布教の中に採り入れた、現在でいう適応主義について、日本の儀礼慣習を中心に検討した。特に、ヴァリニャーノが作成したイエズス会修道院内のもてなしに関する規定には、客人の身分にしたがい、茶の湯や懐石料理、そして酒を振舞うようにとの命令が記されていた。これは彼が日本人の接客方法を宣教方針の中に採り入れていたことを示しているもので、イエズス会が適応主義に基づき宣教を行っていたことの証左である。さらにもてなしの掟からは、いかに彼が茶の湯による接客を重視していたか、茶の湯に関する深い知識を持っていたかが明らかであり、本書ではこれについても検証した。

本研究では、これまで目にふれられなかったローマイエズス会文書館所蔵の「日本管区規則」に収録されているイエズス会修道院内の接客関連の史料を本書中に提示して論証を行った。これにより岡田章雄氏の研究を踏まえて、ヴァリニャーノの目指したイエズス会修道院内の茶の湯による接客態勢について、新たな実態が解明された。

とはいえ、イエズス会が宣教方針に組み入れた茶の湯に関しては、いまだに多くの課題が残されている。たとえば、茶の湯における禅宗的側面を宣教師はどのように理解していたのか、また千利休によって形成されたわび茶に注目すれば、彼らはどれほど利休の茶の湯を理解していたのか、等々については今後の課題としたい。特に一五八〇年以降、利休はこれまで主流であった唐物茶道具から和物茶道具へ、広間の茶室から四畳半以下の小間へ、数々の豪華な料理から一汁二菜の質素な懐石料理へというように、新しい茶の湯を形成している。このような利休の動向は、社交目的の喫茶から精神修行のための茶の湯へと移行したことを示す。このことを踏まえれば、本書で明らかにできた修道院内の茶の湯の実態からは、ヴァリニャーノ、あるいはのちの東インド管区巡察師フランシスコ・パシオがわび茶の精神性を認識していたという可能性があり、これについてはさらなる茶の湯とキリスト教の文化的見地からの研究を進めていきたい。

註

序論

（1）本書中で提示するイエズス会文書館所蔵の日本語訳史料は、ルシオ・デ・ソウザ氏（Lúcio de Sousa）によって原文から活字表記と英語訳にされたものを筆者が照合し、同氏の指導のもとで日本語に翻訳した。なお、英語訳はジョージ・J・スムットニー（George J. Smutny）によって校閲された。
（2）松田毅一他訳『日本巡察記』（平凡社、一九七三）緒言ii頁。
（3）高橋裕史訳『東インド巡察記』（平凡社、二〇〇五）一七三頁。
（4）上智大学編纂『カトリック大辞典』I（冨山房、一九四〇）二五〜二六頁。
（5）同前、二六頁。
（6）上智学院新カトリック大事典編纂委員会編『新カトリック大事典』第三巻（研究社、二〇〇二）一一五一頁。
（7）倉澤行洋『東洋と西洋――世界観・茶道観・藝術観――』（東方出版、一九九二）八二〜八五頁。
（8）泉澄一『堺――中世自由都市――』（教育社、一九八一）一九八頁。
（9）岡田章雄「キリシタンと茶の湯」『外国人の見た茶の湯』（淡交社、一九七三）一九〜二五頁。

(10) 同前、二〇頁。
(11) 同前、二四〜二五頁。
(12) 『日本巡察記』九〇頁。
(13) 『堺』一九九〜二〇一頁。角山榮『堺──海の都市文明──』（PHP研究所、二〇〇〇）一五一頁。
(14) 松田毅一・川崎桃太訳『完訳フロイス日本史一──織田信長篇I──』（中央公論新社、二〇〇〇）二五四〜二五六頁。
(15) 松田毅一・川崎桃太訳『完訳フロイス日本史二──織田信長篇II──』（中央公論新社、二〇〇〇）一三六〜一三七頁。
(16) 矢沢利彦・筒井砂訳『日本イエズス会士礼法指針』（キリシタン文化研究会、一九七〇）八頁。
(17) 本書では『通辞ロドリゲス』にしたがい「ロドリゲス」及び「通辞」と表記する。マイケル・クーパー著、松本たま訳『通辞ロドリゲス──南蛮の冒険者と大航海時代の日本・中国──』（原書房、一九九一）。『日本教会史』中では「ロドリーゲス」および「通事」と表記されている。佐野泰彦・浜口乃二雄訳、江馬務・土井忠生注『日本教会史』上、大航海時代叢書第一期IX（岩波書店、一九六七）。
(18) 『完訳フロイス日本史二』二五四〜二五六頁。
(19) 『日本教会史』上、六〇一〜六一六頁。

第一章

(1) 上智大学中世思想研究所監修、岡安喜代・村井則夫訳『イエズス会の歴史』（原書房、二〇〇四）三一頁。
(2) 同前、二三頁。
(3) イエズス会日本管区編訳、梶山義夫監訳『イエズス会会憲――付会憲補足規定――』(南窓社、二〇一一)二三頁。
(4) 『イエズス会の歴史』二二頁。
(5) 同前、二三～二四頁。
(6) 総長について『新カトリック大事典』には、「中央に統轄される会の最高責任者を総会長(〔ラ〕supremus moderator)あるいは総長(generalis)」という定義がある。上智学院新カトリック大事典編纂委員会編『新カトリック大事典』第三巻(研究社、二〇〇二)八七二頁。本書では総長と記す。
(7) 『イエズス会の歴史』二三頁。
(8) 『イエズス会会憲』二三～二四頁。
(9) 同前、四三頁。
(10) 今野國雄『修道院――祈り・禁欲・労働の源流――』(岩波書店、一九八一)一九四～一九五頁。
(11) 『イエズス会会憲』一六頁。
(12) エンリケスは Anrrique Anrriquez と Enrrique Enrriquez という二通りの著名をした。岸野久『ザビエルと日本――キリシタン開教期の研究――』(吉川弘文館、一九九八)三九頁。
(13) 同前、三九～四〇頁。
(14) 同前、四二頁。

(15) 同前、四三頁。
(16) 同前、四三～四四頁。
(17) 同前、四四頁。
(18) 同前、四五頁。
(19) 河野純徳訳『聖フランシスコ・ザビエル全書簡』(平凡社、一九八五) 三四三頁。
(20)『ザビエルと日本』四四～四九頁、五六～五七頁。
(21) 同前、五六頁。
(22) 同前、九五頁。
(23) 同前、四四頁。
(24) 同前、五七頁。
(25)『聖フランシスコ・ザビエル全書簡』四五〇頁。
(26) 松田毅一監訳『十六・七世紀イエズス会日本報告集』第Ⅲ期第一巻 (同朋舎、一九九七) 二二四頁。
(27) 同前、二二四頁。
(28) 高橋裕史訳『東インド巡察記』(平凡社、二〇〇五) 二二八頁。
(29)『ザビエルと日本』三八頁。

第二章

(1) キリシタン文化研究会編「ルイス・デ・アルメイダ年譜」『キリシタン研究』第二四輯 (吉川弘文館、

一九八四）三～四頁。
（2）同前、四頁。
（3）『カトリック大辞典』Ⅰにはダルメイダ（ルイジ）D'Almeida（Luigi）とも表記されている。上智大学編纂『カトリック大辞典』Ⅰ（冨山房、一九四〇）八一二頁。
（4）村上直次郎訳、柳谷武夫編『イエズス会士日本通信』上（雄松堂書店、一九六八）一二五頁。
（5）東野利夫『南蛮医アルメイダ――戦国日本を生きぬいたポルトガル人――』（柏書房、一九九三）八九頁。
（6）『イエズス会士日本通信』上、一七八頁。
（7）同前、一二五頁。
（8）『カトリック大辞典』Ⅰ、八一二頁。
（9）「ルイス・デ・アルメイダ年譜」五頁。
（10）『南蛮医アルメイダ』一七一～一七二頁。
（11）同前、一七二頁。
（12）松田毅一監訳『十六・七世紀イエズス会日本報告集』第Ⅲ期第一巻（同朋舎、一九九七）二四九頁。
（13）「ルイス・デ・アルメイダ年譜」六～一一頁。
（14）松田毅一監訳『十六・七世紀イエズス会日本報告集』第Ⅲ期第二巻（同朋舎、一九九八）一八五頁。
（15）了珪の表記について了慶と了桂がある。上智学院新カトリック大事典編纂委員会編『新カトリック大事典』第一巻（研究社、一九九六）二〇五頁。

(16)　堺市役所編『堺市史』第一巻、本編第一（堺市役所、一九二九）二三頁。
(17)　同前、二三頁。
(18)　松田毅一「堺のキリシタンに関する二三の考察」大阪史談会編『大阪史談』（大阪史談会、一九六七）一一頁。
(19)　同前、一三頁。
(20)　『十六・七世紀イエズス会日本報告集』第Ⅲ期第一巻、三四四頁。
(21)　松田毅一・川崎桃太訳『完訳フロイス日本史一――織田信長篇Ⅰ――』（中央公論新社、二〇〇〇）一三五頁。アルメイダの茶の湯に関する報告は、ルイス・フロイス（Luís Fróis, S. J., 1532-1597）『日本史』（*Historia de Japão*）に収録されている。フロイスは一五八三年（天正一一）から執筆をはじめ、一五九五～六年（文禄四～五）頃に至るまで第三部四巻を完成させた。しかし、現在原本は存在しない。その理由としては、巡察師ヴァリニャーノがフロイスの記述は冗漫すぎると判断し、ヨーロッパの人々に『日本史』を紹介させなかった可能性が挙げられる。松田毅一氏と川崎桃太氏によれば、原本はマカオのイエズス会学院内の書庫に埋もれ、最終的には一八三五年（天保六）一月二六日、学院が火災を発した際に焼失した（『完訳フロイス日本史一』三二七～三二八頁）。したがって現存する『日本史』は、一八世紀にマカオで作成された写本である。松田氏と川崎氏はこの写本を日本語に翻訳し、一九七七年（昭和五二）『フロイス日本史』一二巻が中央公論社より刊行された。その後二〇〇〇年（平成一二）には、『完訳フロイス日本史』が中央公論新社から発行された。本書では後者を用いる。
(22)　『新カトリック大事典』Ⅰ、二〇五頁。

(23)『十六・七世紀イエズス会日本報告集』第Ⅲ期第二巻、二七四〜二七六頁。
(24)『完訳フロイス日本史二』二四六頁。
(25)同前、二〇五頁。
(26)同前、二五三頁。
(27)同前、二五三頁。
(28)フーベルト・チースリク「茶道とキリシタンの出会い」キリシタン文化研究会『キリシタン文化研究会会報』第一七年第一号(キリシタン文化研究会、一九七五)四頁。
(29)Michael Cooper, *The Early Europeans and Tea, Tea in Japan: Essays on the History of Chanoyu.* Ed. by Paul Varley and Isao Kumakura (Honolulu: University of Hawaii Press books, 1989) p.101. 日本語訳は筆者による。
(30)同前、p.103 日本語は筆者による。
(31)岩波文庫はフロイスによって作成された『日欧文化比較』と称する表題を『ヨーロッパ文化と日本文化』に改題した。岡田章雄訳注『ヨーロッパ文化と日本文化』(岩波文庫、一九九一)七頁。
(32)同前、一〇〇頁。
(33)『完訳フロイス日本史二』二五四頁。
(34)神津朝夫『千利休の「わび」とはなにか』(角川学芸出版、二〇〇五)一五九頁。
(35)『完訳フロイス日本史二』一三五〜一三六頁。
(36)森村健一「堺における茶事と備前物」備前市教育委員会生涯学習課編『備前と茶陶——茶道の視点考古

学の視点――』（備前市教育委員会生涯学習課、二〇一二）四四頁。

(37) 續伸一郎「茶の湯を考古学する：出土した堺と京の茶道具」堺市博物館編『茶道具拝見――出土品から見た堺の茶の湯――』（堺市博物館、二〇〇六）二九頁。
　塼列建物とは「地面を方形に掘り込み、その地下壁部分に塼と呼ばれる平らな瓦質の板を並べた建物」で、蔵であったと考えられている。礎石建物は「地面上に礎石を置き、その上に柱を立てた建物」で、家屋と考えられている。『堺環濠都市遺跡1』（大阪府文化財センター、二〇〇八）頁記載なし。

(38) 松田毅一・川崎桃太訳『完訳フロイス日本史二――織田信長篇Ⅱ――』（中央公論新社、二〇〇〇）二三頁。

(39)『千利休の「わび」とはなにか』一五九頁。

(40) 同前、一五六頁。

(41)「堺における茶事と備前物」四五頁。

(42) 堺市役所編『堺市史』第二巻、本編第二（堺市役所、一九三〇）三四四頁。

(43)『完訳フロイス日本史二』二五四頁。

(44) 同前、二五四頁。ヴィラ“vara”はポルトガルの古い長さの単位で、一ヴィラ＝一・一メートルである（『完訳フロイス日本史二』二六二頁）。

(45)『茶道大辞典』には「茶席の道具畳の勝手付に仕付けられた押入式の棚」という解説がある。筒井紘一編『茶道大辞典』（淡交社、二〇一〇）八三〇頁。筒井氏は道庫の創案者について『不白筆記』中から「道幸坊という傀儡師がもっていた人形を入れる箱から発想したという」と記述している。茶道資料館編

『わび茶の誕生——珠光から利休まで——』（茶道資料館、二〇〇九）九一頁。
(46) 同前、九〇頁。
(47) 同前、九〇～九一頁。
(48) 永島福太郎編『天王寺屋会記』六（淡交社、一九八九）四四頁。
(49) 『わび茶の誕生』九一頁。
(50) 『千利休の「わび」とはなにか』一五九～一六〇頁。
(51) 『わび茶の誕生』一〇七頁。
(52) 『天王寺屋会記』六、一五一頁。
(53) 『わび茶の誕生』一〇八頁。
(54) 同前、一〇八頁。
(55) 『完訳フロイス日本史二』二五五頁。
(56) 筒井紘一『茶の湯事始——初期茶道史論考——』（講談社、一九九二）二五四頁。
(57) 同前、二五四頁。
(58) 『完訳フロイス日本史二』二五五頁。
(59) 『ヨーロッパ文化と日本文化』一四九頁。
(60) 『完訳フロイス日本史二』二五五頁。
(61) 同前、二五五～二五六頁。
(62) フーベルト・チースリク『キリシタンの心』（聖母の騎士社、一九九六）二八五頁。

(63)『天王寺屋会記』六、二〇五頁。
(64)『茶道大辞典』五六三〜五六四頁。
(65) 同前、一一七〇頁。
(66)『完訳フロイス日本史二』一三五頁。
(67) 同前、二五六頁。
(68) 西村貞『キリシタンと茶道』(全国書房、一九四八)一七〜一八頁。
(69) 堺市役所編『堺市史』第七巻、別編(堺市役所、一九三〇)一〇三頁。
(70) 同前、一一五頁。
(71) 漢作唐物(中国伝来)茄子茶入。伝来は足利義満、義政などへと渡り、一五五八年(永禄元)には松永久秀が所持した。一五六八年(永禄一一)、久秀は織田信長にこの付藻《つくも》茄子茶入を献上することで、一時は信長軍からの攻撃を免れた。『茶道大辞典』七九一、一一〇六頁。
(72)『完訳フロイス日本史二』二五七頁。
(73)『キリシタンの心』三三八頁。
(74)『茶の湯事始』二五五頁。
(75) イエズス会日本管区編訳、梶山義夫監訳『イエズス会会憲――付会憲補足規定――』(南窓社、二〇一一)一一五頁。
(76)『カトリック大辞典』I、七九五〜七九六頁。
(77) 同前、七九四頁。

(78)同前、七九五頁。
(79)同前、八〇七頁。
(80)『キリシタンの心』二八五頁。

第三章

(1)松田毅一・川崎桃太訳『完訳フロイス日本史二――織田信長篇Ⅱ――』(中央公論新社、二〇〇〇)一三六～一三七頁。
(2)松田毅一監訳『十六・七世紀イエズス会日本報告集』第Ⅲ期第三巻(同朋舎、一九九八)二八九～二九〇頁。
(3)松田毅一・川崎桃太訳『完訳フロイス日本史一――織田信長篇Ⅰ――』(中央公論新社、二〇〇〇)一一九～一二〇頁。
(4)同前、一〇八頁。
(5)同前、一二〇頁。
(6)同前、一二〇頁。
(7)西村貞『キリシタンと茶道』(全国書房、一九六六)二〇一頁。
(8)堺市役所編『堺市史』第四巻、資料編第一(堺市役所、一九三〇)三四五頁。
(9)『完訳フロイス日本史二』、一三六～一三七頁。
(10)同前、一三六頁。

（11）同前、一三七頁。
（12）ロペス・ガイ著、井手勝美訳『キリシタン時代の典礼』（キリシタン文化研究会、一九八三）四四八頁。
（13）同前、一一七～一一八頁。
（14）同前、一一八頁。
（15）松田毅一・川崎桃太訳『完訳フロイス日本史三――織田信長篇Ⅲ――』（中央公論新社、二〇〇〇）一五頁。
（16）Frances & Joseph Gies, *Daily Life in Medieval Times, A vivid, Detailed Account of Birth, Marriageand Death; Food, Clothing and Housing; Love and Labor in the Middle Ages.* (New York: Branes & Nobel Books, 1969) pp.178-179.
（17）『キリシタン時代の典礼』一一八頁。
（18）同前、一一八頁。
（19）同前、一一八頁。
（20）同前、一一八頁。
（21）同前、一一八頁。
（22）和田町子「キリシタン時代のミサ（2）」『聖心女子大学論叢』第九六集（聖心女子大学、二〇〇一）九八～九九頁。
（23）『キリシタン時代の典礼』一一九頁。
（24）同前、一一九頁。

(25) 同前、一二〇頁。
(26) 同前、一一九頁。
(27) 和田町子「キリシタン時代のミサ（1）」『聖心女子大学論叢』第九五集（聖心女子大学、二〇〇〇）八一頁。
(28) 『キリシタン時代の典礼』一二〇頁。
(29) 「キリシタン時代のミサ（2）」九八頁。
(30) フーベルト・チースリク「茶道とキリシタンの出会い」『キリシタン文化研究会会報』第一七年第一号（キリシタン文化研究会、一九七五）七頁。
(31) 川村信三訳「日本の倫理上の諸問題について」、上智大学中世思想研究所編訳・監修『中世思想原典集成』二〇（平凡社、二〇〇〇）九六六頁。
(32) 同前、九六六頁。
(33) 同前、九八六頁。
(34) 同前、九九四頁。
(35) 「キリシタン時代のミサ（1）」八一頁。
(36) 同前、七九頁。
(37) 松田毅一監訳『十六・七世紀イエズス会日本報告書』第Ⅲ期第一巻（同朋舎、一九九七）二七七頁。
(38) 東野利夫『南蛮医アルメイダ——戦国日本を生きぬいたポルトガル人——』（柏書房、一九九三）一一一～一一二頁。

(39) 同前、一一二頁。
(40) 岡田章雄訳『ヨーロッパ文化と日本文化』(岩波書店、一九九一) 九九頁。
(41) キャロリー・エリクソン著、武内信一・多ヶ谷有子・石黒太郎訳『中世びとの万華鏡――ヨーロッパ中世の心象世界――』(新評論、二〇〇四) 一二五頁。
(42) ロペス・ガイ著、井手勝美訳『十六世紀キリシタン史上の洗礼志願期――キリスト教と日本文明との最初の出会い――』キリシタン文化研究シリーズ八、(キリシタン文化研究会、一九七三) 九四頁。
(43) 同前、九四頁。

第四章

(1) 『日本教会史』の編集は、一六二〇年 (元和六) マカオにおいてロドリゲス通辞のもとで進められた。この原文はポルトガル語表記で、現在ではアジュダ本とマドリード本の写本が存在する。前者はポルトガルのリスボンのアジュダ図書館 (Biblioteca da Ajuda) 収蔵の写本である。この史料は代々、マカオのイエズス会に所蔵されていた古文書の中から、一八世紀半ばに騰写された写本を主体とする"*Jesuitas na Asia*"に含まれている。後者はスペインのマドリードにある歴史アカデミー文庫 (Biblioteca de la Real Academia de la Historia) に収蔵されているもので、そこにはロドリゲスの自筆本が含まれている。佐野泰彦・浜口乃二雄訳、江馬務・土井忠生注『日本教会史』上、大航海時代叢書第一期Ⅸ (岩波書店、一九六七) 二八、四四、四七～四九頁。
(2) 同前、三一～三二頁。

(3) マイケル・クーパー著、松本たま訳『通辞ロドリゲス――南蛮の冒険者と大航海時代の日本・中国――』(原書房、一九九一)三四〜三五頁。
(4) 同前、三六頁。
(5) 長崎県教育委員会編『長崎のキリシタン学校――セミナリヨ、コレジヨの跡を訪ねて――』(長崎県教育委員会、一九八七)一三八頁。
(6)『日本教会史』上、三一一頁。
(7)『通辞ロドリゲス』三四頁。
(8)『日本教会史』上、三三三頁。
(9) 同前、三三一〜三四頁。
(10) 同前、三四頁。
(11) 同前、三三三頁。
(12) 同前、三三三頁。
(13) 同前、三〇頁。
(14) 同前、五七頁。
(15) 同前、四二一〜六三八頁。
(16) 同前、四〇〜四一頁。
(17) 同前、三〇六頁。
(18) ヴィットリオ・ヴォルピ著、原田和夫訳『巡察師ヴァリニャーノと日本』(一塾社、二〇〇八)七〇頁。

(19) 同前、七〇頁。
(20) 同前、七〇頁。
(21) 同前、七一頁。
(22) 同前、七二頁。
(23) 同前、七二頁。
(24) 矢沢利彦・筒井砂訳『日本イエズス会士礼法指針』（キリシタン文化研究会、一九七〇）一五頁。
(25) 松田毅一他訳『日本巡察記』（平凡社、一九七三）緒言ii頁。
(26) 『日本イエズス会士礼法指針』一五頁。
(27) 同前、一五頁。
(28) 同前、一四～一五頁。
(29) 同前、一六～一八頁。
(30) 現在、『東インド巡察記』はローマイエズス会文書館に二部、ロンドンの大英博物館に一部、ポルトガルのアジュダ図書館に一部、その手稿本が所蔵されている。高橋裕史訳『東インド巡察記』（平凡社、二〇〇五）三～四頁。
(31) 同前、一九頁。
(32) 同前、二五頁。
(33) 同前、一七三頁。
(34) ロペス・ガイ著、井手勝美訳『キリシタン時代の典礼』（キリシタン文化研究会、一九八三）二六～二七頁。

(35)『東インド巡察記』一七三頁。

(36)『巡察師ヴァリニャーノと日本』六八頁。

(37) 高瀬弘一郎『キリシタン時代の文化と諸相』(八木書店、二〇〇一)一七頁。

(38) 小川早百合「ヴァリニャーノの適応主義と神道――ケンペルの神道理解と対比してみえるもの――」『キリスト教史学紀要』第六五集(キリスト教史学会、二〇一一)七一頁。

(39) ガブリエル・バスケス著、川村信三訳「日本の倫理上の諸問題について」上智大学中世思想研究所編訳・監修『中世思想原典集成』二〇(二〇〇〇)九六七～九六八頁。

(40) 同前、九六七頁。

(41)『日本イエズス会士礼法指針』四〇頁。

(42)『日本教会史』上、三九八～三九九頁。

(43) *Do modo que se ha de ter em agazalhar os hospedes e as pessoas de respeito, e dos convites e presentes que se hão de fazer.* Achivum Romanum Societatis Iesu (ARIS), Jap. Sin. 2, f.104.

(44)『日本巡察記』七～八頁。

(45) *Regras do que tem comta de agasalhar os hospedes.* ARIS, Jap. Sin. 2, f.101 v.

(46)『日本教会史』上、六二九頁。

(47) 同前、五二九頁。

(48) 同前、五四九頁。

(49) *Do modo que se ha de ter em agazalhar os hospedes e as pessoas de respeito, e dos convites e presentes que se hão de fazer*. Jap. Sin. 2, f.104.

(50) *Regras do que tem comta de agaslhar os hospedes*. Jap. Sin. 2. f.102 v.

(51) 千宗左・千宗室・千宗守監修『利休大事典』(淡交社、一九八九)二三二、二三四頁。

(52) 筒井紘一『利休の茶会』(角川選書、二〇一五)一五五～一五六頁。

(53) 谷晃『茶会記の研究』(淡交社、二〇〇一)三五〇～三五一頁。

(54) 『日本教会史』上、六二九～六三〇頁。

(55) 同前、五〇九頁。

(56) 同前、五一〇頁。

(57) 同前、五六三頁。ロドリゲスは、具体的な果物について「瓜《メラン》、梨、また、いろいろな種類と風味を持っていて、ごく上等の黄色いりんごに似た一種の果物［柿――訳者注］(中略)その他種々の新鮮な果物」と記述している。

(58) *Do modo que se ha de ter em agazalhar os hospedes e as pessoas de respeito, e dos convites e presentes que se hão de fazer*. Jap. Sin. 2, f.104 v.

(59) 「こうづけ」Cozzuqe は小椀に盛られた汁と飯で、客のために急いで作った軽食である。土井忠生、森田武、長南実『邦訳日葡辞書』(岩波書店、一九八〇)一五九頁。

(60) 「湯漬け」Yuzzuqe は湯をかけた飯とある。同前、八三九頁。

(61) *Do modo que se ha de ter em agazalhar os hospedes e as pessoas de respeito, e dos convites e presentes que se*

hão de fazer. Jap. Sin. 2, f.104~f.104 v.

（62）『日本教会史』上、五二六頁。

（63）同前、五二六頁。

（64）*Regras do que tem comta de agasalhar os hospedes*. Jap. Sin. 2, f.101 v.

（65）『日本教会史』上、五三二頁。

（66）『茶道古典全集』第六巻（淡交新社、一九五八）三三三頁。

（67）*Do modo que se ha de ter em agazalhar os hospedes e as pessoas de respeito, e dos conuites e presentes que se hão de fazer*. Jap. Sin. 2, f.104 v.

（68）*Regras do que tem comta de agaslhar os hospedes*. Jap. Sin. 2. f.102 v.

（69）『日本教会史』上、四九四頁。

第五章

（1）同宿について『エヴォラ本日葡辞書』には"Dojucu. Moços, ou gente rapada que serue aos Bonzos nas teras"とある。大塚光信解説『エヴォラ本日葡辞書』（清文堂、一九九八）一四五頁。また『邦訳日葡辞書』には「Dôjucu. ドゥジュク（同宿）寺（*teras*）の内において坊主（*Bonzos*）に仕える若者、または、剃髪した人」とある。土井忠生・森田武・長南実訳『邦訳日葡辞書』（岩波書店、一九八〇）一八八頁。

（2）井手勝美『キリシタン思想史研究序説——日本人のキリスト教受容——』（ぺりかん社、一九九五）三七二頁。

(3) 井手勝美訳「日本イエズス会第一回協議会（一五八〇～八一年）と東インド巡察師ヴァリニャーノの裁決（一五八二年）」『キリシタン研究』二二輯（吉川弘文館、一九八二）二四七～二四八頁。以下、本章で提示した引用の中には「カサ casa」と「レジデンシア residencia」という記述がある。松田毅一氏によれば、カサは一般的な呼称で、地区内の中心的「修道院」を示し、「修院」とも称される。また、レジデンシアは比較的小規模な修道院に属した宣教師の住居のことである。松田氏はこれを「司教館」と訳した。本書ではそのままの原語「レジデンシア」と記す（松田毅一他訳『日本巡察記』xi. 平凡社、一九七三）。

(4) 「日本イエズス会第一回協議会（一五八〇～八一年）と東インド巡察師ヴァリニャーノの裁決（一五八二年）」二九四頁。

(5) Josef Franz Shütte, S. J. *Valignano's Mission Principles for Japan.* Translated by John J. Coyne, S. J. (India: Gujarat Sahitya Prakash Anand, 1985) p.39. 日本語訳は筆者による。

(6) 「日本イエズス会第一回協議会（一五八〇～八一年）と東インド巡察師ヴァリニャーノの裁決（一五八二年）」三三九頁。

(7) 尾原悟編著『ヒイデスの導師』キリシタン研究第三二輯（教文館、一九九五）iii頁。「洋語一覧表」より引用。

(8) 高橋裕史『イエズス会の世界戦略』（講談社、二〇〇六）一三四頁。

(9) 同前、一三七頁。

(10) 同前、一二八頁。

(11) 同前、一二九頁。

(12)『日本巡察記』八九頁。
(13)「日本イエズス会第一回協議会(一五八〇～八一年)と東インド巡察師ヴァリニャーノの裁決(一五八二年)」二九四～二九六頁。
(14)同前、二九四～二九五頁。
(15)高瀬弘一郎『キリシタン時代の文化と諸相』(八木書店、二〇〇一)一九頁。
(16)ヨゼフ・B・ムイベルガー『日本における信仰──ヴァリニャーノの「日本のカテキズモ」と倫理神学的見解──』(サンパウロ、二〇〇四)二〇九～二一〇頁。
(17)フーベルト・チースリク『キリシタン時代の邦人司祭』(キリシタン文化研究会、一九八一)八頁、一二頁。
(18)同前、一二、一八～二〇、三四頁。
(19)同前、三四～三五頁。
(20)同前、一二～一三頁。
(21)矢沢利彦・筒井砂訳『日本イエズス会士礼法指針』(キリシタン文化研究会、一九七〇)二七頁。
(22)『日本における信仰』二一四～二一六頁。
(23)同前、二一四～二一五頁。
(24)「日本イエズス会第一回協議会(一五八〇～八一年)と東インド巡察師ヴァリニャーノの裁決(一五八二年)」二九五頁。
(25)同前、三〇六～三四二頁。

（26）同前、二二九頁。
（27）*Regras pera os Dojucus*. Achivum Romanum Societatis Iesu（ARIS）, Jap. Sin. 2. f.99 v.
（28）『日本における信仰』二一五頁。
（29）*Regras pera os Dojucus*. Jap. Sin. 2. f.99 v.
（30）同前。
（31）『日本巡察記』一二一頁。
（32）『邦訳日葡辞書』一〇六頁、『エヴォラ本日葡辞書』八三頁。
（33）*Regras pera os Dojucus*. Jap. Sin. 2. f.99 v-100.
（34）『日本巡察記』八九〜九〇頁。
（35）同前、緒言ii頁。
（36）「日本イエズス会第一回総協議会議事録と裁決（一五九〇年）」José Luis Alvares Taladriz 編註『キリシタン研究』第一六輯（吉川弘文館、一九七六）二〇四〜二〇六頁。
（37）同前、二一七頁。
（38）同前、二一八頁。
（39）同前、二一八頁。
（40）同前、二七四〜二七五頁。二十六聖人記念館館長のルカ・デ・レンゾ師（Luca De Renzo S.J.）によれば、イエズス会に限るならば、レジデンシアとカサは共に修道院と称する。
（41）『イエズス会の世界戦略』一一〇頁。

（42）「日本イエズス会第二回総協議会議事録と裁決（一五九〇年）」二七五頁。
（43）熊倉功夫校注『山上宗二記――付茶話指月集――』（岩波書店、二〇〇六）一一二頁。
（44）『日本イエズス会礼法指針』六八頁。
（45）『日本巡察記』一二〇頁。
（46）市の表記にそえて、「まち」とルビが記されている。松田毅一・川崎桃太訳『完訳フロイス日本史三――織田信長篇Ⅲ――』（中央公論新社、二〇〇〇）一八頁。
（47）同前、一八～二三頁。
（48）*Regras pera o porteiro*. ARSI, Jap. Sin. 2, f.108.
（49）『日本イエズス会士礼法指針』六三頁。
（50）*Regras pera o porteiro*. ARSI, Jap. Sin. 2, f.108.
（51）『日本巡察記』六頁。
（52）*Regras do que tem comta de agasalhar os hospedes*. ARSI, Jap. Sin. 2, f.103 v.
（53）佐野泰彦・浜口乃二雄訳、江馬務・土井忠生注『日本教会史』上、大航海時代叢書第一期Ⅸ（岩波書店、一九六七）五七二頁。
（54）『一般財団法人南蛮文化館』南蛮文化館　北村茂郎編集（南蛮文化館、二〇〇九）五六頁。
（55）高見沢忠雄「南蛮屏風解説」岡本良知・高見沢忠雄『南蛮屏風』解説巻（鹿島研究所出版会、一九七〇）一一九頁。
（56）*Regras pera o Chanoyuxa*. ARSI, Jap. Sin. 2, f.106 v.

(57)『日本教会史』上、五八五頁。
(58) *Regras pera o Chanoyuxa*. Jap. Sin. 2. f.107 v.
(59) *Regras pera o Chanoyuxa*. Jap. Sin. 2. f.107.
(60) *Regras do que tem comta de agasalhar os hospedes*. Jap. Sin. 2, f.102.
(61) *Regras pera o Chanoyuxa*. Jap. Sin. 2, f.107.
(62)『日本イエズス会士礼法指針』一〇九頁。
(63) 松田毅一・川崎桃太訳『完訳フロイス日本史二――織田信長篇Ⅱ――』（中央公論新社、二〇〇〇）三一七頁。
(64) 同前、三二四頁。
(65)「南蛮文化がやってきた」五野井隆史監修『なごみ』第三二巻第一二号　納屋嘉人編集（淡交社、二〇一一）一一〇頁。
(66)『日本巡察記』四三頁。
(67) 新村出『日本吉利支丹文化史』（地人書館、一九四一）一〇六～一〇七頁。
(68) 同前、一〇七頁。
(69)『完訳フロイス日本史二』三二三頁。
(70) 同前、三二五頁。
(71) 同前、三二四～三二五頁。
(72) 杉野榮『京のキリシタン史跡を巡る――風は都から――』（三学出版、二〇〇七）九四～九五頁。

(73)『日本イエズス会士礼法指針』一〇九～一一〇頁。
(74)同前、一一三頁。
(75)『南蛮屏風』解説巻、一一八頁。
(76)レンゾ・デ・ルカ「ザビエルの遺産と『宣教地日本』の成長――キリシタン時代の依存と自立――」『カトリック研究』第七五号(上智大学神学部、二〇〇六)一三六頁。
(77)成澤勝嗣「I初期作例群――慶長期の作例とその図様構成」坂本満編著『南蛮屏風集成』(中央公論美術出版、二〇〇八)三一九頁。
(78)同前、三三〇頁。
(79)『日本イエズス会士礼法指針』一一一～一一二頁。
(80)同前、一〇九～一一〇頁。
(81)同前、一一九頁。
(82)同前、一一二頁。
(83)*Regras pera o Porterio.* ARSI, Jap. Sin. 2, f.108.
(84)『日本巡察記』一二〇～一二一頁。
(85)『日本イエズス会士礼法指針』一一二頁。
(86)『日本巡察記』三四～三五、四一、四三頁。
(87)屋形は武士階級に属す。ヴァリニャーノは「最高の者は屋形である。彼等は諸国の完全な領主であり、日本の法律と習慣に従い全支配権と命令権を有するから、国王であり、その名称に相応している」と説明している。『日本巡察記』九頁。

(88) *Regras do que tem comta de agasalhar os hospedes.* Jap. Sin. 2, f.102.

(89)『日本イエズス会士礼法指針』五九頁。

(90)「ザビエルの遺産と『宣教地日本』の成長――キリシタン時代の依存と自立――」一三九～一四〇頁。

(91)『完訳フロイス日本史三』二一頁。

(92) フーベルト・チースリク「セミナリヨの教師たち」『キリシタン研究』第一一輯（キリシタン文化研究会、一九六六）四二頁。

(93)『完訳フロイス日本史三』二〇頁。

(94) 同前、一八頁。

(95) 同前、一八～一九頁。

(96) 同前、二一頁。

(97) 片岡弥吉「イエズス会教育機関の移動と遺跡」『キリシタン研究』第一一輯　八～九頁。

(98) *Regras pera o Chanoyuxa.* Jap. Sin 2. ff.106 v-107.

(99)『日本巡察記』一二三頁。

(100) *Regras do que tem comta de agasalhar os hospendes.* Jap. Sin. 2, f.101 v.

(101) *Regras do que tem comta de agasalhar os hospendes.* Jap. Sin. 2, f.103.

(102) *Regras do que tem comta de agasalhar os hospendes.* Jap. Sin. 2, f.102 v.

(103) *Regras pera o Chanoyuxa.* Jap. Sin. 2, f.107.

（104）*Biblioteca da Ajuda: Jesuítas na Ásia Série da Província do Japão História da Igreja do Japão, 1549-1570.* Cód. 49-IV-53, fl.134. Palácio Nacional da Ajuda.

（105）『日本教会史』上、六一二頁。

（106）同前、五九七頁。

（107）同前、六〇二頁。

（108）*Biblioteca da Ajuda.* 49-IV-54, fl.300v-301.

（109）*Regras pera o Chanoyuxa.* Jap. Sin. 2 f.106 v.

（110）*Regras pera o Chanoyuxa.* Jap. Sin. 2, ff.106 v.

（111）関根宗中『綜合藝術としての茶道と易思想』（淡交社、二〇〇九）二一三〜二一四頁。

（112）筒井紘一『すらすら読める南方録』（講談社、二〇〇三）七五頁。

（113）『綜合藝術としての茶道と易思想』二一四頁。

（114）*Regras pera o Chanoyuxa.* Jap. Sin. 2, f.106 v.

（115）茶巾（*chaquin*）は「茶（*cha*）を飲む茶碗を拭き清める小さな布」とある（『邦訳日葡辞書』一一八頁）。雑巾（*zôquin*）は「畳（*tatamis*）、柱（*Faxiras*）、その他これに類する物がよごれたり、漏れたりしている時に、それを拭くための布」とある（『邦訳日葡辞書』八四四頁）。帛紗物（*Fucusamono*）は「茶（*cha*）の容器を拭くための柔らかな手あたりのよい布」とある（『邦訳日葡辞書』二七一頁）。

史料　「日本管区規則」
（ローマイエズス会文書館　Archivum Romanum Societatis Iesu　所蔵）

「同宿規則」f.99v–100 : *Regras pera os dojucus*

1　以下のことを理解しなさい。あなた方は「教会の息子」であり、神に奉仕するという完徳の中で神の聖なる掟を心に保ち、それにしたがい、あなた方の魂を救うよう努めるばかりでなく、自身の能力に応じ、また上長の命令に則して同僚を助けなければならない。すべての徳目を完成し、こよなき清らかさをもって霊肉共に貞節を守りなさい。

2　深い愛をもって教会の仕事に取り組み、教会の息子として、身も心もあなたの聴罪司祭と修道院長を信頼しなさい。そうすれば、彼らは両親のようにあなたを助け、互いの話し合い不足からくる困難のないよう魂と身体を癒してくれるであろう。

3　いずれの修道院においても、どのような奉仕に対しても熱心に励みなさい。規則にしたがい精進しなさい。司祭の助手に選ばれた者は、あらゆる命令に応じなさい。余暇を有効に使いなさい。読み書きの習得、談義を暗記し、あるいはほかの課せられた仕事を果たしなさい。適時となれば、説教師、またはほかの地域にある教会の仕事をもこなせることができるようになりなさい。教会の中で奉仕しつつ、心穏やかに死を待ちなさい。

4　本修道院、あるいはほかの修道院に召集された際には、そこの上長である司祭や修道院長、さらに前上長を助けなさい。いつでも呼ばれた時には、彼らの肉体的と霊的な必要を援助しなさい。

5　立居振舞いに注意しなさい。教養ある日本人が大事にしている伝統と慣習を熱心に学び、それを遵守しなさい。司祭のみならず、修道院の修道士やほかの者も、日本の伝統を学び守りなさい。外部のすべての人々に、その社会的地位に応じて、あらゆる点でしかるべき尊敬と丁重さをもって応対し、いかなる厚かましさも無作法をもなさないように心掛けなさい。

6　朝の起床と共に三〇分間祈りなさい。就床の前には、黙想、あるいはロザリオの祈りを唱えなさい。良く心に思いをめぐらし、毎月主任司祭によって選ばれた聴罪司祭に告白しなさい。その司祭はあなた担当の司祭ではないかもしれないが、その月の間はその司祭に、あるいはほかの司祭に告白しなさい。さらに、聴罪司祭が助言した時には聖体拝領をしなさい。

7　本修道院とほかの修道院で暮す者が一つの修道院に召集された時は、免除された者以外、食事や修道院長によって与えられた命令など、一般的な同宿の仕事に励みなさい。そこの修道院の役人である修道士に対して、上長であるかのように服従し敬いなさい。修道院では、同宿に課せられたすべての規律を守りなさい。

「客のもてなし方規則」f.101v–103v : *Regras do que tem comta de agasalhar os hospendes*

1　外部者に対する接客や宿泊に際して、担当者は全能なる神の栄光に基づくイエズス会『基本精神綱要』を心に刻み、精進して人々に尽くすことを理解しなさい。したがって、神の御名のもとにお相手する方の魂の向上となるよう言葉と行いをもって努めなさい。同様に義務を果たすにあたっては、しかるべき気遣いをもって勤勉に注意深く行いなさい。

2　すべての外部者を応対することが職務であると心に刻みなさい。司祭を訪問する来客に対して男女を問わず、宿泊のお世話に努めなさい。お客様の社会的地位や来訪の目的に応じ、それにそぐわしい接待をしなさい。可能ならば、その方々が幸せな思いで、魂の糧をいただいて修道院を出ることができるようにしなさい。

3　支援者、あるいは重要人物からの親書などを託された人物や初めての客人、またはある重要な方が来訪した際、受付担当者は職務規則にしたがい、速やかに知らせなさい。そうすれば司祭はお客様に会い、好意と親愛の情を示すことができる。訪問者がどのような方かわからない場合には、司祭に来訪を伝える前に、できるだけその方の情報を得るように努めなさい。そして、上長に作法や宿泊など必要なことを伝え、司祭が（お客様に会うためにある場所を）出発する前に、すべて準備万端であるように注意を払いなさい。

4　日本の習慣と人々の社会的地位に伴う作法にしたがうために、どのようにお客様をもてなすかについて解説された小冊子がある。習慣や社会的慣習を理解するよう努め、いつ、どなたに盃と肴のみを振舞うか、あるいはそれ以上の敬意を表するべきお客様には吸物と点心、またはより上等な料理でもてなすかなどということをよく把握しなさい。

5　社会的地位の高い来訪者やはじめていらした方々に対して、ある方々には宿泊を申し出し、そうでない場合にはさまざまのやり方で雑掌（酒や食物）を差し上げ宿屋に行っていただく。他の方々には、訪問の返礼か贈物を差し上げる。また他の方々には外部の小宿（宿屋）なり、修道院内の宿泊部屋なりを提供する。これらすべて小冊子に記述されていることに精通しなさい。またお客様に対して、社会的慣習に反して無礼にならぬためには何を用意するべきかを、きちんと司祭に伝えなさい。

6　また、殿と呼ばれる方々については良く理解し、新年の祝の間、招待するか、雑掌（酒や食物）あるいは他の贈物を差し上げるなどしなさい。特に正月の間は、通常行うべきことを書き留め、修道院長がこの折よい時宜を心にとどめ、あらゆることについて変更したり忘れたりといった間違いのないようにしなさい。

7　担当者は来訪者を迎えるにあたって、職務上必要とされる道具を保管するために、鍵のかかる個人用の収納庫を持つものとする。保管されている道具については、記録簿に記入しなさい。この道具はお客様をもてなす以外に使用してはならず、また道具の紛失に注意を払い、紛失した道具については修道院長に知らせ、新しい道具を購入してその補充をしていただくよう申し出なさい。

8　また肴はこの収納庫に保管し、折りよい時にお客様にお出ししなさい。担当者は修道院長が肴の購入を命じた時、いかなる時でも遠方からの肴が届けられるように注意を払いなさい。贈物が届いたならば、お客様のために適当な品物を保管し、修道院長にそのことを伝えなさい。もし修道院長がそれを適切であると判断したならば、すべてを保管してどなた様のためにおよび、どなた様からの贈物であるかということを必要に応じて注意を払い、損傷させないようにしなさい。

9　それらすべての物以外、定期的に修道院の外で購入しなければならない品物、あるいはお客様のために共同の収納庫から供給された品物については役人か、または物流担当者に尋ねなさい。彼らは規則にしたがって共同台所に必要な物を取り替えるなり修繕するはずである。お客様のために個人用の台所で調理する必要がない時には、すべて必要な道具と共に、常時清潔に整頓しておきなさい。そこには腕の良い料理人が来客のために常駐するべきである。

10　さらに、修道院長と共に各修道院には殿原（従士）が配置されるよう心得なさい。彼らは修繕の腕を持ち、お客様の接待ができる者たちである。大がかりな振舞いをする必要のある時にはいつでも、上長が勧めたときには、外部のキリスト教信者や修道院の友人の助けを求めることとする。

11　主な修道院へのお客様については頻繁なことであり、身分の高い殿様方、面識はないが敬意を払う必要のあるキリスト教信者でない方々を除けば、振舞いに招待する必要はない。キリスト教信者に対しては、地位の軽重にかかわらず、招待されてお出での方々には、一汁二菜に菓子をそえて歓迎しなさい。また彼らに適当と思うならば、引き肴を加えることができる。ただし、すべてにおいて清潔に順序正しく行いなさい。

12　茶の湯座敷と庭が塵ひとつなく清潔に保つよう注意しなさい。台所の隅々にいたるまで、収納庫やお客様がお使いになる道具についても同様である。ワインと肴は味良く適切で、最もよい時に順序正しくお出しししなさい。そのために充分な人数の使用人が確保されなければならず、彼らに修道院内においてほかの仕事をさせてはならない。

13　茶室には高潔でこの面に熟達した剃髪の奉仕者（同宿）を置き、茶室を清潔に保ち、茶の湯道具と茶の種類ごとに整頓しなさい。茶室は怠け者が茶を飲み、無意味でくだらない話をして気晴らしする場所ではない。そうではなく、茶室があるのは立派なキリスト教信者をお迎えして、彼らの魂を教導しつつその糧を与えるためで、それが私たちの修道院の意に適うことである。茶の湯者は「茶の湯者規則」を遵守しなさい。

14　司祭は常に多忙であり、お客様とあまり多くの時間を費やすことができない。ゆえに、上手に話しの相手をして司祭が相手できない弁明をしなさい。その時に、お客様に対して無慈悲で無礼な醜い態度をとらないようにしなさい。すべての方々には、どこからお出でになったかを問わず、同じようにしかるべき慈愛の念と親愛の情、歓迎の心をもって、礼儀正しく接待しなさい。お客様とよく知り合い献身しなさい。

15 女性がお出でになった時には、いつもの女性用の座敷に案内しなさい。慎み深く宗教的ゆゆしさをもって応対しなさい。すぐに道行コートをとって差し上げ、彼女らと話す時には常に他の誰かがいるようにしなさい。前もって上長に伝えている場合以外は、修道院内において他の者が彼女たちと話すことは許されません。

16 高貴なお客様が訪問されて宿泊が必要となった場合、上長の許可がある時には修道院の外にある小宿（宿泊所）を提供しなさい。ただし、非常に親しく親切な方で修道院内に宿泊することがより都合よいことであるならば別である。そのために、上長が修道院内に適切な夜着（寝具）を備えているか、注意を払いなさい。

17 外部の方々に対する真面目な話しの仕方や親密な情を示す時に、慎重さと謙虚さを欠くならば、注意が散漫になり、キリスト教信者に対して深刻な害を与えることになる。宗教的でない世俗的な娯楽や会話を避け、またくだらない下品なことを話すのはやめなさい。常に彼らの魂が向上するよう助けなさい。したがって、茶室でもどこでも、決してゲームで時を過ごしてはならない。

18　聖パウロはこう記している。「食物と飲物は神の国に属するものではない。」ですから、キリスト教信者はキリスト教徒でない方たちがするような酔っ払いの話で夢中にならないように。お客様を日本の良い作法でお迎えしなさい。たしなみのある飲酒をするよう歓待し、多くのキリスト教信者でない方々の過剰な飲酒という悪習に染まってはならない。ですから、お客様は御器や汁御器の宴に招待されることはなく、盃と肴に招かれることになる。

19　いつでもキリスト教信者でない方が説教を聞きたいと求める場合、担当者がこのことを上長に知らせるならば、説教できる者を遣わすこととする。その方がご自宅あるいは離れで祈りを捧げることが最善と判断できるほど大きな尊敬を払うべき方の場合、上長にそのことを伝えなさい。そうすれば、すべては上首尾になされ、我らの主が賛美されることになる。

20　年間を通して充足供給できるだけの茶を品質別に三種類確保しなさい。身分の高いお客様には非常に良質のものを、一般のお客様には並のものを、そして日常的にはさらに品質の低いものを用いなさい。すべて適切に保存し、茶の湯者は月に一度、必要な量をきちんと把握しなさい。

「茶の湯者規則」f.106v–107v : *Regras pera o Chanoyuxa*

1　朝の鐘の音とともに起床し、茶室の行灯に灯をともし、風炉の水が沸くように何本かの炭をつぎ、夜明けの間に祈りを捧げなさい。

2 夜が明け、明るくなってきたら所持するすべてのものを完璧に清めなさい。熱湯で釜を清め、ほかの茶道具を整え、風炉をあるべき姿に備えなさい。担当者に釜の水を運ぶよう伝えなさい。

3 二、三日分の抹茶が保たれているように注意を払いなさい。抹茶が足りない場合、彼自身が補充できないならば、茶を挽く者に知らせなさい。

4 目録に掲載の清めに必要な与えられている道具をすべて揃えなさい。常に茶巾、雑巾、そして帛紗物などの清めるための布や、水切り布が綻ぶか汚れた時は、担当者に手配するよう知らせなさい。

5 茶の湯者は修道士に命じられたように、すべての訪問者たちの身分と慣習に応じて茶を振舞いなさい。[初めの二文字欠落]しかし、接待を禁じられた訪問者に対しては、茶は振舞われず、そこへ入室することも滞在することもできないと勧告しなさい。

6 夜には修道士の命令に応じて、茶道具を整理整頓し、火の用心と災害防止に努めなさい。

7 託された全道具の明細目録を保管し、誰かほかの者が任務を引き継ぐ際に渡しなさい。さらに、これらの品々を書きだして掲載しなさい。

「受付規則」fl.108 : *Regras pera o Porteiro*

1 受付所をちり一つなく掃除すると同様に、テラスや中庭の周辺すべてを清潔に整理整頓しなさい。

2 外部者、またはある方の伝言を届けに来た方を特別に歓迎しなさい。もてなしの責任者である修道士に、このことをしっかり取り次ぎなさい。そうすれば、彼はなすべきことを命じ、修道院長にこのことを伝えるであろう。担当の修道士が不在の場合には、応対した者自身が修道院長にこのことを伝え、また修道院長がお客様を知らないならば、その方の社会的地位を知らせなさい。

3　いつもの伝言者には特別な歓待は必要なく、ただ修道院内部の者と話す方、あるいは義援金や生活物資、または贈物などを届ける馴染みのキリスト教信者、あるいは病気のため告解を授けてもらうために司祭を呼びに来た方にも、特別な応対は必要ない。受付担当者は修道院長にこれを伝え、適切な指示を受けるようにしなさい。

4　また、受付所に届いた外部者からの伝言や手紙について、受付担当者は（修道院内部へ配布するにあたり）、送り主によって最初に修道院長に渡し、彼の指示にしたがいなさい。

5　伝言を携えて来たすべての方々、修道院を訪れる方々に対して、失礼のないように対応しなさい。丁寧に、礼儀正しく、教養のある話し方をしなさい。お客様の社会的地位に応じて、日本の慣習と伝統にしたがいなさい。思いやりなく、また教養のない、あるいは厚かましく気取った態度は控えなさい。女性に対して長々とふさわしくない会話は慎みなさい。

6　医者が患者を診察するために訪れた時、受付担当者は看護の担当者、あるいはしかるべき他の担当者に知らせなさい。

7　茶の湯者を親友としなさい。上長の命令にしたがい、彼の職務を助けなさい。

参考文献

浅見雅一『キリシタン時代の偶像崇拝』東京大学出版会、二〇〇九。

泉澄一『堺――中世自由都市――』教育社、一九八一。

ヴァリニャーノ著、家入敏光訳『日本のカテキズモ』天理図書館、一九六九。

ヴィットリオ・ヴォルピ著、原田和夫訳『巡察師ヴァリニャーノと日本』一塾社、二〇〇八。

海老沢有道『高山右近』吉川弘文館、一九五八。

岡倉天心著、浅野晃訳『茶の本』講談社インターナショナル、一九九八。

岡田章雄『キリシタン・バテレン――布教と俗信――』至文堂、一九六六。

岡村洋子「上京のキリシタン教会」『キリシタン研究』第一五輯、キリシタン文化研究会編、吉川弘文館、一九七四。

ロペス・ガイ著、井手勝美訳『キリシタン時代の典礼』キリシタン文化研究会、一九八三。

加藤知弘『バテレンと宗麟の時代』石風社、一九九六。

川村信三『キリシタン信徒組織の誕生と変容――「コンフラリヤ」から「こんふらりや」へ――』教文館、二〇〇三。

岸野久『ザビエルと日本――キリシタン開教期の研究――』吉川弘文館、一九九八。

マイケル・クーパー著、松本たま訳『通辞ロドリゲス――南蛮の冒険者と大航海時代の日本・中国――』原書房、一九九一。

山上宗二著、熊倉功夫校注『山上宗二記――付茶話指月集――』岩波書店、二〇〇六。

熊倉功夫・田中秀隆編「茶道文化論」『茶道学大系』第一巻、淡交社、一九九九。

五井野隆史『徳川初期キリシタン史研究』吉川弘文館、一九八三。

五井野隆史『日本キリシタン史の研究』吉川弘文館、二〇〇二。

五野井隆史「キリシタン時代の看坊について」『キリシタン研究』第一九輯、キリシタン文化研究会編、吉川弘文館、一九七九。

神津朝夫『千利休の「わび」とはなにか』角川書店、二〇〇五。

神津朝夫『山上宗二記入門――茶の湯秘伝書と茶人宗二――』角川芸術、二〇〇七。

米井力也『キリシタンと翻訳――異文化接触の十字路――』平凡社、二〇〇九。

清水紘一「キリシタン関係法制史料集」『キリシタン研究』第一七輯、キリシタン文化研究会編、吉川弘文館、一九七七。

Josef Franz Schuie S. J.「一六一四・一五年、大坂の陣と日本の教会」『キリシタン研究』第一七輯、キリシタン文化研究会編、吉川弘文館、一九七七。

千宗室・ポール・ヴァレー編「海外の茶道」『茶道学大系』別巻、淡交社、二〇〇〇。

高瀬弘一郎『キリシタン時代の研究』岩波書店、一九七七。

高瀬弘一郎『キリシタンの世紀――ザビエル渡日から「鎖国」まで――』岩波書店、一九九三。

高瀬弘一郎『キリシタン時代対外関係の研究』吉川弘文館、一九九四。

高瀬弘一郎『キリシタン時代の文化と諸相』八木書店、二〇〇一。

高瀬弘一郎『モンスーン文書と日本――十七世紀ポルトガル公文書集――』八木書店、二〇〇六。

ヴァリニャーノ著、高橋裕史訳『東インド巡察記』平凡社、二〇〇五。

高橋裕史『イエズス会の世界戦略』講談社、二〇〇六。

谷端昭夫編「茶道の歴史」『茶道学大系』第二巻、淡交社、一九九九。

谷端昭夫『茶話指月集を読む――宗旦が語るわが茶の逸話集――』淡交社、二〇〇二。
J. L. Alvarez-Taladriz 著、松田毅一・佐久間正訳「堺の日比屋家に関する一五八六年の新史料」『キリシタン研究』第八輯、キリシタン文化研究会編、吉川弘文館、一九六三。
フーベルト・チーリスク著、岡本良知・柳谷武夫訳「イエズス会本部所蔵日本人キリシタン書翰」『キリシタン研究』第六輯、キリシタン文化研究会編、吉川弘文館、一九六一。

フーベルト・チーリスク著「セミナリヨの教師たち」『キリシタン研究』第一一輯、キリシタン文化研究会編、吉川弘文館、一九六六。

フーベルト・チーリスク著「セルケイラ司教の報告書」『キリシタン研究』第一三輯、キリシタン文化研究会編、吉川弘文館、一九七〇。

フーベルト・チーリスク著「高山右近領の山間部におけるキリシタン」『キリシタン研究』第一六輯、キリシタン文化研究会編、吉川弘文館、一九七六。

フーベルト・チーリスク著、佐久間正訳「コリン著の高山右近伝」『キリシタン研究』第一七輯、キリシタン文化研究会編、吉川弘文館、一九七七。

フーベルト・チーリスク著「臼杵の修練院」『キリシタン研究』第一八輯、キリシタン文化研究会編、吉川弘文館、一九七八。

フーベルト・チーリスク著「文禄年間京都における高山右近」『キリシタン研究』第二〇輯、キリシタン文化研究会編、吉川弘文館、一九八〇。

筒井紘一校訂訳注『茶の湯の古典二――南方録覚書・茶話指月集――』世界文化社、一九八四。

筒井紘一『茶の湯事始』講談社、一九九二。

筒井紘一編「茶の古典」『茶道学大系』第一〇巻、淡交社、二〇〇一。

筒井紘一『茶書の研究――数寄風流の成立と展開――』淡交社、二〇〇三。

筒井紘一『すらすら読める南方録』講談社、二〇〇三。

筒井紘一『利休の逸話』淡交社、二〇一三。

角山榮『堺――海の都市文明――』ＰＨＰ新書、二〇〇〇。

角山榮『茶ともてなしの文化』ＮＴＴ、二〇〇五。

土井忠生「十六・七世紀における日本イエズス会布教上の教会用語の問題」『キリシタン研究』第一五輯、キリシタン文化研究会編、吉川弘文館、一九七四。

戸田勝久編「茶事・茶会」『茶道学大系』第三巻、淡交社、一九九九。

永島福太郎編『天王寺屋会記』六、淡交社、一九八九。

永島福太郎編『天王寺屋会記』七、淡交社、一九八九。

東野利夫『南蛮医アルメイダ――戦国日本を生きぬいたポルトガル人――』柏書房、一九九三。

中村利則編「茶室・露地」『茶道学大系』第六巻、淡交社、二〇〇〇。

久松真一校訂解題『南方録』淡交社、一九七五。

ウイリアム・V・バンガード著、岡安喜代・村井則夫訳『イエズス会の歴史』上智大学中世思想研究所、二〇〇四。

ルイス・フロイス著、松田毅一・川崎桃太訳『完訳フロイス日本史一――織田信長篇I――』中央公論新社、二〇〇〇。

ルイス・フロイス著、松田毅一・川崎桃太訳『完訳フロイス日本史二――織田信長篇II――』中央公論新社、二〇〇〇。

ルイス・フロイス著、松田毅一・川崎桃太訳『完訳フロイス日本史三――織田信長篇III――』中央公論新社、二〇〇〇。

ルイス・フロイス著、松田毅一・川崎桃太訳『完訳フロイス日本史四――織田信長篇IV――』中央公論新社、二〇〇〇。

増淵宗一『茶道と十字架』角川書店、一九九六。

松田毅一「ルイス・フロイス著『日本史』の研究――初期五畿内キリシタン史の研究史料として――」『キリシタン研究』第五輯、キリシタン文化研究会編、吉川弘文館、一九五九。

ヴァリニャーノ著、松田毅一訳『日本巡察記』平凡社、一九七三。

松田毅一「南蛮研究における暦日について」『京都外語大学研究論叢XXI』京都外語大学、一九八一。

松田毅一「十六・七世紀、日欧交渉史年表」『京都外語大学研究論叢XXXVIII』京都外語大学、一九九一。

ヴァリニャーノ著、矢沢利彦・筒井砂訳『日本イエズス会士礼法指針』キリシタン文化研究会、一九七〇。

ヨゼフ・B・ムイベルガー『日本における信仰――ヴァリニャーノの「日本カテキズモ」と倫理神学的見解――』サンパウロ、二〇〇四。

堀新『信長公記を読む』吉川弘文館、二〇〇九。

矢内一磨『一休派の結衆と史的展開の研究』思文閣出版、二〇一〇。

矢部良明『千利休の創意――冷・凍・寂・枯からの飛躍――』角川書店、一九九五。

柳谷武夫「セミナリヨの生徒たち」『キリシタン研究』第一一輯、キリシタン文化研究会編、吉川弘文館、一九六六。

柳田利夫「日本における『総会長の服務規定』の編集」『キリシタン研究』第二五輯、キリシタン文化研究会編、吉川弘文館、一九八五。

結城了悟『キリシタンになった大名』キリシタン文化研究会、一九八六。

竹浪菴休叟編『今井宗久茶湯書抜』渡辺書店、一九七四。

J・A・ユングマン著、福地幹男訳『ミサ』オリエンス宗教研究所、一九九二。

ヨハネス・ラウレス「細川家のキリシタン」『キリシタン研究』第四輯、キリシタン文化研究会編、洋々社、一九五七。

ヨハネス・ラウレス著、松田毅一訳『高山右近の生涯――日本初期基督教史――』エンデルレ書店、一九四八。

イグナチオ・デ・ロヨラ著、門脇佳吉訳『霊操』岩波書店、一九九五。

イエズス会日本管区編訳、梶山義夫監訳『イエズス会会憲――付会憲補足規定――』南窓社、二〇一一。

井出勝美訳「日本イエズス会第一回協議会（一五八〇～八一）と東インド巡察師ヴァリニャーノの裁決（一五八

二年）」『キリシタン研究』第二二輯、キリシタン文化研究会編、吉川弘文館、一九八二。

村上直次郎訳『イエズス会日本年報』上、雄松堂出版、一九六九。

村上直次郎訳『イエズス会日本年報』下、雄松堂出版、一九六九。

松田毅一監訳『十六・七世紀イエズス会日本報告書集』第Ⅲ期・第一巻、同朋舎、一九九七。

松田毅一監訳『十六・七世紀イエズス会日本報告書集』第Ⅲ期・第二巻、同朋舎、一九九八。

松田毅一監訳『十六・七世紀イエズス会日本報告書集』第Ⅲ期・第三巻、同朋舎、一九九八。

松田毅一監訳『十六・七世紀イエズス会日本報告書集　第Ⅲ期・第四巻、同朋舎、一九九八。

松田毅一監訳『十六・七世紀イエズス会日本報告書集』第Ⅲ期・第五巻、同朋舎、一九九二。

千宗左・千宗室・千宗守監修『利休大事典』淡交社、一九八九。

筒井紘一編『茶道大辞典』淡交社、二〇一〇。

Alexandro Valignano, S. J., *Il Cerimoniale per I missionari del Giappone: Advertimentos e Avisos Acerca Dos Costumes e Catangues de Jappão*. Edizione Giuseppe Schitte, S. J. Roma, Edizioni di Storia e Letteratura, 1946.
Michael Cooper, *This Island of Japon: João Rodrigues' Account of 16th Century Japan*. Translated and edited by Michal Cooper, Tokyo, New York, Kodansha, 1973.
Tea in Japan: Essays on the History of Chanoyu. Edited by Paul Varley and Isao Kumakura, Honolulu, University of Hawaii Press, 1994.
C. R. Boxer, *Papers on Portuguese, Dutch, and Jesuit Influences in 16th and 17th Century Japan*. Washington D. C.,

University Publications of America, 1979.

C. R. Boxer, *The Christian Century in Japan 1549-1650.* Berkeley, Los Angeles, London, University of California Press, 1951.

Luís Fróis S. J., *Historia de Japam. Vol.2.* Edição anotada por José Wicki, S. J., Lisboa, Biblioteca Nacional Lisboa, 1981.

Luís Fróis S. J., *Historia de Japam. Vol.3.* Edição anotada por José Wicki, S. J., Lisboa, Biblioteca Nacional Lisboa, 1982.

Historia de Igreja do Japão: Pelo Padre João Rodrigues Tçuzzu, S.J. 1620-1633. Lisboa, Biblioteca do Palácio da Ajuda, 1953.

Josef Franz Schütte, S. J., *Valignano's Mission Princeples for Japan.* Translated by John J. Coyne, S. J., India, Gujarat Sahitya Prakash Anand, 1985.

Bublioteca da Ajuda: Jesuítas na Ásia Série da Província do Japão História da Igreja do Japão, 1549-1570. Cód. Ms. 49-IV-53. Palácio Nacional da Ajuda.

Archivum Romanum Societatis Iesu *Jap.Sin. 2.*

Biblioteca da Ajuda Palàcio da Ajuda. *49-IV-53.*

図

多賀大社所蔵「調馬・厩馬図屛風」

南蛮文化館所蔵「南蛮屛風」

"Os Dogus do chanoyu o menos que pode ter São estes". Archivum Romanum Societatis Iesu.

"Quinsey". Archivum Romanum Societatis Iesu.

あとがき

本書は「アレッシャンドゥロ・ヴァリニャーノの意図した適応主義に基づく茶の湯」と題して、二〇一四年三月に関東学院大学大学院に提出した博士論文をもとに再編成したものである。特にイエズス会文書の中から、接客関連規則の日本語訳を史料としてそえることで、イエズス会が日本の習慣に適した布教の重要性を認識していたことを解明した。

そもそも茶の湯とキリスト教の交流に関する研究の発端は、茶道裏千家第十五代家元の千玄室大宗匠が数々の著書の中で論じておられる茶の湯とキリスト教の相互関係を拝読し、感銘を受けたことに基づく。

また今日振り返れば、三重県伊賀市（旧上野市）に住んでいた祖父母がキリスト教信者で、祖父はプロテスタントの牧師で、祖母は同市で茶道表千家の教室を開いていたことも、茶の湯とキリスト教に関する研究について興味を抱いた要因といえる。祖母の茶道に取り組む姿勢と、神様に祈る姿とが重なっていた印象を覚えている。

筆者は異文化コミュニケーション分野に大変関心がある。アメリカ留学で得た経験はもとより、帰国後には米海軍に職を得ることができ、引き続きアメリカ社会に身を置いているためである。現在は米海軍厚木基地に配置する第七艦隊七二任務部隊の渉外を担当している。アメリカ人と日本人の橋渡しになりたいという志を持ち、日々の公務の中で、異文化相互理解の重要性を学ばせていただいている。このこともまた、外国人のみた茶の湯について研究したい要因であるといえる。

大学院在籍中は、論文を完成させるまでに多くの方々のご指導と励ましをいただいた。ここに深く御礼申しあげたい。博士論文の主査をお引き受けいただいた森島牧人教授には、論文指導のみならず論文提出に至るまでの諸事情に関し、折々にご教示を賜った。副査にてお世話になった矢嶋道文教授には、茶書を扱う際に古文書の読み下しや現代語訳に関して細かいご指導をいただいた。同じく副査としてご指導にあたってくださった多ヶ谷有子教授には、修道院の歴史や伝統、そしてキリスト教に関してご教示をいただいた。

茶道裏千家今日庵文庫文庫長の筒井紘一教授には、宝塚大学（旧宝塚造形芸術大学）の修士課程に在籍した頃より今日に至るまで、引き続き、不肖の弟子のために多大な学恩をいただいている。大変ありがたいことである。博士論文ではご多忙の中、副査として茶の湯研究分野についてきめ細かなご指摘とご指導を賜ることができた。

日本イエズス会日本管区長の梶山義夫師には、ローマイエズス会文書館宛に紹介状を送っていただき、幸いにして同館への立ち入りと史料を収集することができた。ポルトガル研究調査旅行に際しては、横浜市にお住まいの眞實井亮忠様ご夫妻のお計らいで、徳島日本ポルトガル協会会長桑原信義様と三木レイ子様に、駐ポルトガル共和国日本国特命全権大使の四宮信孝閣下をご紹介いただいた。渡航までの期間は、当大使館公使の高川定義様よりポルトガルの情報をご提供いただき、日本で十分な準備ができた。

大谷大学の狹間芳樹先生には研究当初より、適応主義についてご教示いただいた。さらに、リスボンのアジュダ王宮図書館宛に紹介状をいただき、首尾よく同館にて貴重な史料を収集することが適った。同館では、司書の Fátima Gomes 氏より史料を提供していただいた。

ヨーロッパで収集した原文史料の翻訳では、筆者のポルトガル語教師で東京外国語大学 Lúcio de Sousa 特任准教授に多大なるご指導を賜った。特に筆者が日本語に訳す際には、個々の単語をポルトガル語の辞書を用いつつ丁寧に教えていただいた。

日本二十六聖人記念館館長のレンゾ・デ・ルカ師には、結城文庫への利用許可をいただき、貴重な文献に目を通すことができた。

筆者はイエズス会士が堺の都市を訪問している事実に基づき、当地にて数十回にわたる研究調査を行った。堺市博物館の前館長角山榮和歌山大学名誉教授（二〇一四年一〇月ご逝去）には、国際貿易都市として繁栄した堺の都市についてご指導いただいた。堺市立泉北すえむら資料館の森村健一前館長には考古学の観点から堺の茶の湯文化に関してご教示いただき、厚く御礼を申しあげたい。堺市博物館の吉田豊学芸員・増田達彦学芸員・續伸一郎学芸員・矢内一磨学芸員には、同館所蔵の史料および文献についてご教示いただいた。矢内氏には博士論文で終わらず、本を出版するようにと励ましを賜った。前田秀一氏には以上の方々との面会調整をしていただき、さらに堺市の歴史的行事にお誘いいただいた。

倉澤行洋教授には、宝塚大学大学院にて修士論文のご指導を通して、茶道の国際的貢献についてご教示いただいた。最近では励ましのお手紙をいただいた。野村美術館館長の谷晃先生には一六世紀末の茶の湯の様相についてご指導いただき、加えて『野村美術館研究紀要』への投稿掲載へとお導きいただいた。宇治・上林記念館館長、上林春松氏には『日本教会史』に記されている製茶作りに関してご指導いただいた。製茶の研究をまとめられた報告書をご提供いただいた。

本書の刊行にあたって、画像の掲載をご快諾いただいた南蛮文化館理事長の矢野孝子様と、多賀神社様、ローマイエズス会文書館様に対しては、あらためて御礼を申しあげたい。

このたびの本書の出版に関しては、筒井紘一教授に多大なるご教示と励ましをいただいた。深く感謝の意を申しあげたい。

思文閣出版をはじめ、本書を担当された原宏一氏にお礼を申しあげたい。ご多忙の中、専門知識による的確なご指導によって出版へと導いていただいた。執筆の機会をいただき感謝する次第である。

カトリック信者の飯島章子氏（二〇〇四年四月帰天）には、最後まで励ましのお言葉とお祈りで支えていただいた。心より感謝申しあげたい。

私事になるが、研究を見守ってくれた両親に感謝したい。二〇〇六年に天国へ旅立った父は勉学に厳しく、金や物は奪われることがあっても知識は失われることがないと、学問の大切さを教えてくれた。最後に全面的に支援してくれた米海軍潜水艦隊の軍人であった夫ジョージに感謝したい。ポルトガル語から英語に訳された史料を丁寧に校閲してくれた。軍隊の規律が茶の湯の精神性にも共通していると感じ、現在では筆者と共に茶道を学んでいる。

茶道は世界に誇れる日本伝統芸術であり、多くの外国の方々に体験していただくことを切に願う。

二〇一六年一一月

スムットニー祐美

◎著者略歴◎

スムットニー祐美（すむっとにー・ゆうみ）

［学歴］
・オクラホマ州立大学大学院人間関係学（Human Relations）修了、修士号取得
・宝塚造形芸術大学大学院修士課程（芸術学）修了
・関東学院大学大学院文学研究科比較日本文化専攻博士後期課程修了、博士号（文学）取得
・専門分野は異文化コミュニケーション・茶道学
［現職］
・米海軍第七艦隊第72任務部隊/前方艦隊航空司令部　渉外担当
・関東学院大学国際文化学部　非常勤講師
・キリスト教と文化研究所客員研究員
［主要論文］
・「茶の湯とキリスト教」『―女性研究者による―茶文化研究論文集』（茶文化研究発表会実行委員会、2013）
・「イエズス会修道院内の茶の湯文化」『野村美術館研究紀要』第23号、野村美術館学芸部編（野村文華財団、2014）
・「適応主義に基づく茶の湯による宣教」『茶の湯文化学』第25号、茶の湯文化学会編（茶の湯文化学会、2016）など。

茶《ちゃ》の湯《ゆ》とイエズス会宣教師《かいせんきょうし》――中世《ちゅうせい》の異文化交流《いぶんかこうりゅう》――

2016（平成28）年11月27日発行

著　者　スムットニー祐美

発行者　田中　大

発行所　株式会社　思文閣出版
〒605-0089 京都市東山区元町355
電話 075-533-6860（代表）

装　幀　上野かおる（鷺草デザイン事務所）

印　刷
製　本　西濃印刷株式会社

ISBN978-4-7842-1863-9　C3021

索　引

【人名】

【事項】

スムットニー　祐美（すむっとにー　ゆうみ）…米海軍第七艦隊第 72 任務部隊／西太平洋艦隊航空司令部　渉外部長，関東学院大学国際文化学部　非常勤講師，キリスト教と文化研究所　客員研究員．

茶《ちゃ》の湯《ゆ》とイエズス会宣教師《かいせんきょうし》
— 中世《ちゅうせい》の異文化《いぶんか》交流《こうりゅう》 —
（オンデマンド版）

Digital Publishing

2019年4月20日　発行

著　者	スムットニー　祐美
発行者	田中　大
発行所	株式会社 思文閣出版 〒605-0089　京都市東山区元町355 TEL　075-533-6860　FAX　075-531-0009 URL　https://www.shibunkaku.co.jp/
装　幀	上野かおる（鷺草デザイン事務所）
印刷・製本	株式会社 デジタルパブリッシングサービス URL　http://www.d-pub.co.jp/

AK462

ISBN978-4-7842-7041-5　C3021　Printed in Japan